EL SÍ DETRÁS DE UN NO

Cómo sobreponerse al rechazo y lograr tus sueños

ALBERTO SARDIÑAS

Para descargar nuestra guía gratis para sobrellevar
el rechazo y lograr tus sueños, visita:
www.ElSiDetrasDeUnNo.Com

Publicado en Nashville, Tennessee, Estados Unidos de América.

The Agustin Agency es una división de The Agustin Agency Services, LLC.

www.theagustinagency.com

Todas las fotos en interiores son cortesía del autor.

Derechos internacionales registrados.

Este libro puede ser ordenado en volumen para obsequios, recaudar fondos, o para formación ministerial, empresarial, escribiendo a Sales@TheAgustinAgency.com.

Para ventas al por mayor para librerías, distribuidores o para revender, favor de comunicarse con Sales@TheAgustinAgency.com, o llamando al 615-562-1036.

Diseño interior: Deditorial.com

Edición: Carlota Gedovius, Rut Martín

Diseño de portada: Kristen Ingebretson

Fotografía: Nick Garcia Photography

Ilustraciones: Esteban López

ISBN: 978-1-950604-29-6 El sí detrás de un no, papel

ISBN: 978-1-950604-30-2 El sí detrás de un no, eBook

Próximamente en audio

Impreso en Estados Unidos de América

20 21 22 23 24 VERSA PRESS 9 8 7 6 5 4 3 2

Dedicatoria

Sofi:

Hoy en día solo tienes 10 añitos. Estás muy joven para leer esto. Pero escribiendo este libro me queda la tranquilidad de que con los años no solo te podré contar, sino que también podrás leer estas historias, experiencias y lecciones. Quiero que recuerdes siempre que abrazando el rechazo se abraza también el éxito.

I love you.

Papi

Índice

Clave III

ACOSTÚMBRATE AL "NO"

Clave IV

ACUMULA HORAS DE VUELO

Clave V

ENFÓCATE EN EL CAMINO, NO EN EL DESTINO

Agradecimientos

A mi esposa Fay y a nuestra hija Sofía. Gracias por apoyarme en todo lo que hago, por darme aliento y fuerzas para seguir y por compartir sus vidas conmigo.

A mi mamá Gloria, que desde el cielo me cuida en cada paso que doy. A mi papá Eloy y mis hermanos Óscar y Daniel, por siempre apoyarme.

A mis tíos Carmen Sardiñas, Sonia Sterenberg y Jaime Glottmann, por ayudarme a reconstruir una parte importante de la historia de donde vengo. Al reconstruir mi historia, me di cuenta del privilegio tan grande que es ser a la vez un Sardiñas y un Glottmann. Al mencionarlos, no puedo dejar de pensar en mi tío Saulo Glottmann, quien fue siempre un ejemplo de trabajo duro y amor por la familia.

A mi familia de Univision Miami, especialmente a mis compañeros de la radio y la televisión.

A mi equipo de Alberto Sardiñas Digital: Javier Erazo, Daniel Waisman, Andrea Briceño, Dimas Martínez, Fabián Pérez, y Marc Caudilla.

A mi agente Kraig Kitchin, por creer en mí y estar conmigo en este camino durante tantos años.

A mi *publisher* Lluvia Agustin y a todo el equipo de The Agustin Agency. Tremendo trabajo.

Gracias a dos grandes profesionales de la industria de la tele y sobre todo amigos, Luz María Doria y Mario Kreutzberger

"Don Francisco", por siempre estar a un mensaje de distancia para aconsejarme, inspirarme y apoyarme en éste y tantos otros proyectos.

Prólogo

Durante la lectura de este libro, **EL SÍ DETRÁS DE UN NO,** aprendí a conocer más de mi amigo Alberto Sardiñas, con quien me he relacionado prácticamente desde sus inicios profesionales en Miami.

Debo reconocer que en la medida que fui explorando sus páginas, en una lectura que se hace fácil y entretenida, descubrí historias y experiencias que vivió el autor que francamente me sorprendieron.

Además, el contenido de alguna manera representa lo que ha sido mi propia historia en estos 82 años de vida, 61 de ellos dedicados al noble oficio de comunicar. Con muchos de los pasajes del libro me identifico plenamente.

Pienso que los lectores, al igual que yo, se conectarán rápidamente con las vivencias relatadas y su lectura se podrá convertir en un buen apoyo para repasar sus propias inquietudes personales y profesionales.

Lo escrito en este libro confirma muchas de las características que conozco de Alberto. Es, sin duda, un enamorado de su profesión y un apasionado por las comunicaciones. Es inquieto y, pese a su juventud, ha logrado lo más difícil: equilibrar adecuadamente su vida privada con la profesional.

Agrego otro rasgo que considero muy importante en cualquier profesional y ser humano: tiene una infinita necesidad de preguntar y la humildad suficiente para dejarse aconsejar.

Como lo revela en este libro, siempre ha tratado de encontrar respuestas positivas a las dificultades que ha encontrado en el camino de la vida.

A lo largo de estos capítulos desnuda dolores y frustraciones, las que supera o trata de superar luchando sin descanso, siempre buscando *EL SÍ DETRÁS DE UN NO*.

Mario Kreutzberger

Don Francisco

Introducción

Estamos en una "crisis de abandono de sueños". Veo demasiada gente que se conforma con pequeños logros, abandonando sus sueños a mitad de camino y, por eso, tenía que escribir este libro. A veces lo hacen por miedo al rechazo, sin siquiera darse cuenta de todo lo que podrían lograr. Las redes sociales nos hacen creer que el "antes" y el "después" es algo inmediato, cuando toda meta lleva horas de vuelo, fortaleza para sobreponerse a rechazos, y escuchar NO mil veces, mientras perseveras. Por otro lado, las urgencias del día a día se comen nuestro tiempo y nuestra energía, dejando atrás historias olvidadas, como lo que soñábamos cuando éramos niños. Me frustra cómo mucha gente observa a otros triunfar y creen que fue cosa de suerte, que no pueden lograr lo mismo. Quiero que tú y yo nos aseguremos de no caer en ese grupo.

Mi intención es que, en estas páginas, te animes a ponerte en contacto de nuevo con esos sueños del pasado, o que descubras nuevos sueños con la inocencia de un niño que nunca se ha tropezado con limitaciones para imaginar su futuro. Pero no quiero que te conformes con "ser un comunicador", "ser un vendedor", "ser un profesional de la salud", etc. Quiero que te propongas ser "el más exitoso de todos los tiempos" en tu carrera y, sobre todo, el más feliz.

También quiero que, así como me tocó a mí, desarrolles una especie de cáscara dura a tu alrededor y puedas avanzar mucho más que la persona promedio. Quiero que, cuando veas a alguien con una vida extraordinaria, te proyectes y digas "yo voy en camino a tener mi propia vida extraordinaria". A la misma vez quiero que ese camino al éxito te lo disfrutes día a día, porque, como verás en el libro, no es en la cima donde se es feliz, sino en la caminata. Quiero también que mi hija Sofía tenga un libro que pueda consultar en cualquier momento de derrota para tomar impulso y seguir luchando por las cosas que más quiere en su vida. Y lo mismo quiero para ti, que tu historia inspire a tus hijos y, en general, a nuevas generaciones para que vean de lo que fuiste capaz y se den cuenta de lo que son capaces ellos.

Finalmente, quiero explicarte algo sobre el título de este libro. Elegí el título porque, al igual que tú, en mi vida he recibido más los NO que los SI. Con el tiempo, cada uno de esos NO me ha regalado una oportunidad escondida. A través de las experiencias que aquí te comparto (y que en ocasiones me fue difícil poner por escrito porque algunas han sido muy dolorosas), he concluido que, tarde o temprano, cuando se cierra una puerta es una señal que indica que esa no era la puerta correcta, sino que había que seguir avanzando. Cada puerta nos pone una situación o un reto que nos permite ser mejores en el camino a encontrar la puerta correcta. Todos tenemos la capacidad de ver el SÍ detrás de un NO, pero tenemos que poseer la voluntad de encontrarlo. Eso solo depende de ti.

¿Te quedas con el NO como la única respuesta o estás dispuesto a encontrar el SÍ detrás de un NO?

Alberto Sardiñas
Miami, otoño del 2023

Clave I

DESCUBRE TU HISTORIA

Capítulo 1

Los Emmys: Cuando vives un sueño

No es en la cima de la montaña, sino en la caminata donde aparecerá la felicidad.

Asistir a un evento tan glamoroso e importante como los premios *Suncoast Regional Emmy Awards*, no es poca cosa. Ser invitado como presentador y tener la tarea de revelar y entregar los premios a los ganadores de varias categorías, es mucho más relevante aún. Pero haber sido nominado para un premio por conducir y producir tu programa de televisión es de una emoción y una trascendencia que no te puedes imaginar. Lo más loco del asunto es que me sucedió todo al mismo tiempo.

Aquello me parecía como sacado de una película, un momento que rebasaba por completo mi imaginación. ¡Qué te puedo decir! Estaba viviendo un sueño, una fracción de tiempo que durante gran parte de mi vida me hubiera parecido inalcanzable.

Y, sin embargo, ahí estaba yo. En ese 10 de diciembre de 2022, en Orlando, Florida, en la habitación de mi hotel, vistiéndome de gala para asistir al evento de la emisión 46 de los premios Emmy regionales a la excelencia de la industria de la televisión.

Hacía unos días había recibido una llamada en donde me invitaban, ¡nada menos!, a ser uno de los presentadores de la entrega de premios de esa noche. Dentro de mis responsabilidades estaría anunciar las categorías y tener el honor de entregar las estatuillas a los ganadores, es decir, a mis propios colegas, amigos y a gente importante y talentosa de la industria. Más de una docena de personas a quienes iba a tener el honor de colocar un Emmy en sus propias manos.

Las emociones se me desbordaban. Conocía la importancia de la noche, la relevancia de estar frente a casi a 700 personas de la industria de la televisión; miles más viendo a través de Internet. ¡Imagínate tú, saber que este espectáculo iba a ser visto por tanta gente de la industria y por mis propios seguidores en las redes sociales!

Resulta que no solamente iba a ser presentador, sino que yo, precisamente yo, me encontraba nominado. Sí, nominado, junto con mis compañeros. ¡Estábamos nominados! Con más de 1,500 episodios en vivo, en la categoría PROGRAMA DE ESTILO DE VIDA, *El News Café* estaba nominado nada más y nada menos que a un premio Emmy.

Antes de salir del hotel y tomar el camino hacia el auditorio, me vi al espejo por última vez. Respiré profundo y me sentí orgulloso (e incrédulo). En pocas horas estaría en el escenario, entregando premios y con la posibilidad de llevarme uno. Me di cuenta de algo gracioso también: infinidad de veces me suceden varias cosas en la misma ocasión. "Sí —me dije—, qué raro, en la vida siempre me pasan cosas en donde más allá del propósito, la emoción de que sucedan varios eventos a la vez, agrega una capa adicional". Este era precisamente el caso: era presentador y estaba nervioso por eso, pero, además, mi nombre sería mencionado como uno de los nominados.

Volteé a mi alrededor. Ya estaba listo. No había otra más que partir y controlar un poquito las ansiedades. Pero, de pronto, regresaron los recuerdos del pasado. Varias imágenes. En fila, interminables...

Primero, recordé el día en que arrancó el programa por el que estaba nominado, *El News Café*. Vi claramente en retrospectiva cómo tomé en mis manos la primera taza con el logotipo. Recordé cuando leí el primer artículo que escribieron con palabras de elogio y aliento hacia el programa para, finalmente, hacer una recopilación mental de los cinco años de trabajo duro que se habían requerido para sacar adelante un programa todos los días.

No era mi primer intento de realizar un proyecto exitoso en la tele. No eran "pocas horas de vuelo" las que había necesitado ni para ser conductor ni para lograr, medianamente, hacerlo bien. No era ni mi primer trabajo ni mi primer intento, ni mucho menos un proyecto improvisado. Era mucho el recorrido. Se trataba de años de experiencia, de lucha, de perseverancia, de arduo trabajo así como valentía para levantarme y no flaquear.

Y me fui más atrás. Recordé las primeras ocasiones en las que estuve frente a un micrófono de radio, a los diecisiete años. Desde esos tiempos, yo sabía que quería entrar a un programa, sin embargo, lo había compartido con poca gente, pero en mi mente estaba ahí desde hacía años.

ME VI DE NIÑO

Un chico en Venezuela que se distinguía de los demás por su perseverancia. Pero también recordé la soledad. La humillación. Las proezas que tiene que hacer un niño cuando su propio carácter de buscador y de no seguir al rebaño se traduce en un saco de boxeo. Vi a mi niño interior: buleado, burlado, minimizado, sin poder entender por qué era presa de tanta agresividad.

Recordé que, para ese niño, su única ancla de salvación ante el maltrato de sus compañeros eran los sueños. Alcanzar, con insistencia, lo que más deseaba en la vida.

¿Cómo Alberto había podido llegar hasta ahí? La gente de afuera podría sospechar que había sido fácil y rápido, pero no. No era cierto. El confundir un "antes y después" que vemos en Instagram con "éxito instantáneo" nos ha pasado a todos.

Entendí, de pronto, como un rayo que me cayó desde el cielo, que la razón más importante por la que yo me encontraba a punto de salir rumbo a los premios Emmys había sido la perseverancia.

Me creían loco.

Me dijeron loco. Muchas veces.

—¿Estás loco?

—No —respondía—. Simplemente, lo voy a lograr.

El tiempo apremiaba y tenía que salir ya hacia mi destino. Dejé preparada la tableta y todo lo necesario para que mi hija Sofía de 9 años y mi suegra Nelly pudieran ver el espectáculo desde el cuarto del hotel. Me despedí con un nudo en la garganta. ¡Tantas emociones parecían atragantarse! Tomé del brazo a mi esposa y nos dirigimos al evento.

Camino hacia el teatro, entendí algo. Sentí entonces no solo la necesidad de compartirlo contigo que me lees, sino la responsabilidad de platicar, si me lo permites, sobre algunas claves y actitudes que he conservado en mi vida y que, en un momento, podrían ayudarte a ti o a alguien más

Muchas, muchísimas veces, un NO se convirtió en un SÍ.

Infinidad de puertas que se me fueron cerradas sin saber que, a la vuelta de la esquina, habría otras que se abrirían.

¡Pero hay muchas técnicas y herramientas que sirven para salir adelante y para no desfallecer cuando cuesta mucho trabajo alcanzar tu sueño!

Hoy no importa si tu meta está bien trazada y tu sueño por alcanzar se encuentra claramente dibujado. No. Lo que importa realmente está escondido detrás de la intención. Camina hacia aquellas cosas que te mereces. Que descubras qué es lo que Dios tiene preparado para ti.

Y mi turno llegó. Presenté y entregué, felizmente, premios a varios colegas. No te imaginas qué experiencia tan increíble. Qué gusto y cariño iba sintiendo con cada una de las estatuillas que les hacía llegar. La emoción indescriptible de estar frente a tantas personas. ¡Que estaba siendo visto por miles! Saber que ahí estaba mi esposa, apoyándome orgullosa. Saber también que, un poco más lejos, los atentos ojos de mi hija se encontraban fijos en la pantalla viendo a su papá.

Y de pronto, al regresar a mi mesa en donde teníamos nuestros asientos asignados, después de un lapso que me pareció eterno, vi la curva de la desilusión. Esa curva que me ha perseguido siempre, pero que en realidad ya no me sorprende.

La curva de que, al momento de llegar el turno de la categoría por la cual estaba nominado mi programa, me di cuenta (como en cámara lenta) que no había ganado.

No había ganado el Emmy.

EL NO

Esa noche no ganamos el premio por el cual nuestro programa fue nominado. Mi copresentadora del programa y amiga Aly Sánchez y yo nos vimos a los ojos sin saber cómo reaccionar. ¿Reír o llorar? Reír. Pero el camino ya estaba trazado y, una vez más, me di cuenta de que la ruta es más larga y no se sabe dónde termina. Había que continuar haciendo el *show* todos los días, con el mismo esfuerzo, con las mismas ganas. Superándonos día a día hasta el agotamiento.

Entendí que, en realidad, no había llegado a ningún lado aún. Que no se llega nunca a un punto, a un destino. Que tenía que seguir caminando. Que no es en la cima de la montaña, sino en la caminata donde se debe encontrar la felicidad.

Capítulo 2

Cuando no sabes por dónde empezar, inicia por tu historia

> *"hacían la entrega del telegrama de manera humillante*
> *para que todo el mundo del barrio se enterara*
> *de que los Sardiñas se querían ir de Cuba..."*

CUANDO NO SABES POR DÓNDE EMPEZAR, VOLTEA A VER TU PROPIA HISTORIA

Prometí hablarte de la perseverancia, de cómo no rendirnos y de cómo entender el rechazo como una oportunidad, y la primera pregunta que uno debe de hacerse es: ¿qué es eso por lo cual voy a luchar?, ¿cuáles son las cosas por las que no me debo rendir?, ¿en qué tengo que perseverar?

El problema, me dirás, es ¿qué tal si yo no sé cuál es mi meta? ¿Qué hago si estoy parado en el punto en donde no he encontrado qué me gusta? ¿A dónde me dirijo si no sé lo que quiero? O será que eso que creo tener muy claro, ¿de verdad es lo que quiero para mi vida?

"A ver, Alberto, dime, ¿en dónde sugieres que coloque todas mis lágrimas, mi sudor, el esfuerzo para encontrar eso que me encanta por lo que entregaría todo?", me preguntarás.

Te entiendo. Puede ser, además, que dentro de esta confusión te sientas peor ¡porque sí quieres luchar pero no sabes por qué!

A veces estamos en un mundo tan inmediato, entretenidos en Instagram o en TikTok, viendo cómo alguien tiene mejores cosas que nosotros y nos ponemos tercos ese día tratando de establecer supuestos retos o metas sin adentrarnos en nosotros mismos.

Y no hay manera más útil para entendernos mejor que cuando conocemos nuestra propia historia.

¡Conoce de dónde vienes y sabrás adónde vas!

De hecho, creo que el peor error que podemos cometer como seres humanos mientras supuestamente estamos luchando por algo o mientras "decimos" que queremos luchar por algo es no voltear a ver nuestra historia, porque una historia que ignoramos es una historia que estamos desperdiciando.

TE CUENTO MI CASO

Vengo de una familia de orígenes supervariados. Gloria Glottmann, mi mamá, viene de una familia judía originaria de un pueblito llamado Nova Selitz, perteneciente a la región de Besaravia (hoy Moldavia), que en ese momento quedaba en Rumania. Gloria fue hija de Jack e Ida Glottmann.

La situación de Europa era desastrosa así que mi abuelo Jack viajó a América aproximadamente en 1924. La Primera Guerra Mundial, que había terminado en 1918, y la Revolución rusa habían causado una gran hambruna. Y ¡qué bueno que se fueron de allí!, porque, además, la comunidad judía de Nova Selitz fue casi totalmente asesinada por los nazis en los años 40.

Jack era un adolescente, prácticamente un niño, diría yo, pues se estima que a los 16 o 17 años, y ante el aceleramiento del antisemitismo, fue enviado por sus padres, Shayne y Óscar a viajar de Europa a Sudamérica para tratar de encontrar alguna oportunidad que pudiera surgir para su familia. Jack viajó inicialmente al Perú y, por algún motivo, se desplazó a Colombia. Más tarde, llegó toda la familia.

La familia de mi abuela, los Gutt, provienen de un pueblo de Ucrania llamado Colonia Ingulets; en una región no muy lejana a la de la familia de mi abuelo y en medio de circunstancias históricas similares. Mi bisabuela Dora se casó con Israel Finvarb, quien murió de pulmonía poco antes de salir hacia América. Ella llegó a Colombia con sus hijos Pinke, Ida (mi abuela), Masha y Monque.

JACK, EL EMPRESARIO QUE NO SE RENDÍA

Volviendo a mi abuelo y su vida en Colombia, luego de pasar un tiempo en una ciudad llamada Barrancabermeja, me cuenta mi tío Jaime que Jack, su papá, se trasladó a Bogotá y empezó a vender radios de puerta en puerta (¡quién hubiera pensado que unos 70 años después su nieto se dedicaría a hablar por la radio!). Luego abrió una tienda que se llamó "La Casa del Radio" y que años más tarde se convirtió en J. Glottmann, S. A. y que tendría con el tiempo muchas sucursales. Pasó de vender radios, discos y otros productos para el hogar como neveras, a vender una gran variedad de productos como refrigeración comercial, pianos Steinway, equipos de cine, billares, cámaras y rollos de fotografía, máquinas de coser y todos los productos RCA. Con el tiempo, mi abuelo construyó un gran imperio comercial.

Casi todos los productos venían de Estados Unidos, a donde mi abuelo viajaba seguido para tomar representaciones de marcas. Pero cuando en la década de 1950 se estableció una política de sustituir los productos importados por productos colombianos, esto fue terrible para su negocio. Como él era un tipo que no se rendía, inmediatamente dijo: "Si no podemos importar más, tendremos que fabricar aquí". Y de allí salió la fábrica y la marca ICASA, que comenzó en refrigeración comercial, seguidos por las neveras domésticas, lavadoras, cocinas aire acondicionado y otros productos de la llamada línea blanca).

La creación de ICASA fue una hazaña casi heroica, la fábrica se hizo totalmente a base de préstamos. Jack tenía un criterio muy alto de excelencia, y ese extranjero, se llenó de orgullo por el país que ahora era también el suyo y amarró su marca de electrodomésticos al lema de "Hecho en Colombia".

Era difícil vivir en Colombia desde esa época de 1950 hasta los 80 y no conocer los nombres de J. Glottmann S. A. e ICASA. No solo desde el punto de vista empresarial, sino por las muchas iniciativas culturales que mi abuelo emprendió, y que más adelante mis tíos continuaron, incluyendo los famosos "Conciertos Glottmann" a cargo de grandes orquestas sinfónicas.

Mientras su negocio aún empezaba en Colombia, por ahí en los años 1930, Jack conoció y se casó con mi abuela Ida, ambos inmigrantes de orígenes similares, y mi mamá, Gloria, al nacer, ya fue parte de esa primera generación Glottmann colombiana. Ella fue la menor de cuatro hermanos, junto a Saulo, Jaime y Sonia (de mayor a menor). Mis tíos Saulo y Jaime comenzaron a trabajar en la década de los 50 con mi abuelo, quien murió el 3 de noviembre de 1959, cuando mi mamá, la chiquita de la familia, tenía solo 7 años.

Hasta ahí, ¿cómo te parece la combinación?

"YO SOLO QUIERO LA LIBERTAD DE MI FAMILIA"

Por el lado de mi papá, Eloy Sardiñas, él es cubano de ascendencia española y viene de una familia católica que salió de Cuba para Venezuela en el año 1961.

Mis abuelos Conchi y Eloy Sardiñas, con este galán, su servidor, al centro.

Mi bisabuelo Eloy, a quien llamaban "Chichi" y a quien yo no conocí, nació en Cienfuegos, Cuba, y junto a su esposa Zoila tenían tres hijos: Eloísa, Eloy Miguel (mi abuelo) y Abel.

Mi abuelo Eloy Miguel nació en 1929, se fue de Cienfuegos a La Habana, donde conoció a mi abuela.

Mi abuela Conchi y mi abuelo Eloy comenzaron a salir desde muy jovencitos, eran ambos adolescentes, ella tres años mayor que él. Eloy trabajaba como gerente regional de ventas en una fábrica de productos de higiene y, más adelante, tuvo un autolavado en La Habana, porque siempre quiso tener su propio negocio. Al salir de Cuba, el autolavado se lo quedó el Gobierno. Mi abuela era maestra graduada de la Escuela Normal de Kindergarten y tuvo su propia escuela hasta que salieron del país.

Mi papá, Eloy Alberto Sardiñas (el tercer Eloy en la fila), nació en La Habana, Cuba. Tiene una hermana tres años menor, mi tía Carmen. Entre las muchas anécdotas de ellos me cuentan que, con la escasez que trajo el comunismo en Cuba, mi papá preparaba a mi tía para Navidad diciéndole que "no sabemos cuánto podrá traer 'Santiclós' porque él llega a Cuba en lancha y a veces no le dejan pasar todos los juguetes que trae", como para disminuir las expectativas de su hermanita.

Con la llegada de Fidel Castro al poder, mis abuelos decidieron salir de Cuba para Venezuela y lo lograron, en medio de muchas piedras en el camino, en enero de 1961. Mi padre tenía 10 años. Eligieron Venezuela porque mi abuelo tenía un primo, Rodolfo Fernández Sardiñas, quien vivía allá y fue el que gestionó las visas para poder ir a Venezuela. Mi abuelo se las estaba jugando todas por la libertad de sus hijos, en una época en la que su propio padre y sus hermanos todavía dudaban, como muchas otras personas, de que lo que pasaba en Cuba fuese tan mal como parecía. Incluso algunos se molestaron con él: "¿Por qué te vas? ¿Cómo te vas a ir de tu país?". Al pasar de los años, el tiempo le dio la razón.

Cuando mis abuelos recibieron el permiso de salida de Cuba para Venezuela fue a través de un telegrama del Gobierno cubano. Para llamar la atención negativamente, el telegrama lo llevaron en mano a la casa los funcionarios del Gobierno cubano, llegando de madrugada, haciendo un escándalo y gritando: "¡Los Sardiñas! ¿Dónde están los 'gusanos' que se quieren ir del país?", y hacían la entrega del telegrama de manera humillante para que todo el mundo del barrio se enterara de que los Sardiñas se querían ir de Cuba, lo cual implicaba que no simpatizaban con el Gobierno comunista recién llegado al poder en 1959.

Al poco tiempo se aparecieron en la puerta funcionarios de "la milicia", vestidos de verde olivo igual que Fidel Castro, con una gorra igual a la que él llevaba, y cargando armas largas. Los sacaron a todos de la casa, incluyendo a mi papá y a mi tía que eran niños, y los llevaron escoltados a todos con armas largas pegadas a la espalda, caminando hasta una estación de policía sin que hubiese una razón aparente.

LA EMPLEADA DE LA CASA SE CONVIRTIÓ EN ESPÍA

Después, se supo la razón de este incidente. Resulta ser que a todo el que quería salir de Cuba le hacían un inventario completo de todo lo que había en la casa. Luego de ese inventario, poco antes de salir se volvía a hacer un inventario y, si faltaba algo, no podían salir. Sabiendo que esto iba a pasar, mi abuela quiso ayudar a una vecina ofreciéndole intercambiar el gabinete de cocina más bonito que ellos tenían, por el de la vecina que estaba en malas condiciones, para que así la vecina aprovechara el nuevo. Pues resulta que la empleada doméstica de confianza, que por años había trabajado en casa de mis abuelos, había sido nombrada la jefa del nuevo Comité de Defensa de la Revolución (CDR), observaba y reportaba los movimientos de los vecinos. Esta misma señora se enteró del intercambio de gabinetes y los denunció con las autoridades. De allí vino esta nueva humillación y la marcha pública hasta la estación de policía. No podían salir del país ni con juguetes ni con dinero... nada. Afortunadamente, al llegar el segundo inventario, pasaron la prueba.

El vuelo de salida era en la línea KLM, en un avión cuatrimotor, que iba de La Habana a Kingston (Jamaica), de ahí a Curazao, y de ahí a Caracas.

En el aeropuerto no querían dejar salir a mi abuela por su profesión de maestra ya que las maestras hacían falta para adoctrinar a los niños con los pensamientos del régimen comunista. Ya en esa época obligaban a mi abuela a enseñar las doctrinas que elogiaban a Fidel. Ella se había enfermado del estrés de tener que decir: "Fidel es nuestro padre" en lugar de "estas son las vocales".

Al final, los dejaron tomar el vuelo justo antes de que saliera.

Llegaron a Caracas los cuatro con la ropa que tenían puesta y una maleta en forma de "gusano" o *duffle bag* cada uno, con las pocas pertenencias que les permitían sacar de Cuba.

Al llegar a Venezuela tuvieron que comenzar de nuevo. Estuvieron tres meses en casa del primo Rodolfo. Mi abuela les decía a mi papá y a mi tía: "Ustedes no pidan nada. Si les ofrecen algo lo aceptan y dan las gracias, pero no pidan nada". Mi abuelo Eloy comenzó a trabajar y lograron alquilar un apartamento pequeño. No tenían ningún tipo de muebles, hasta el punto de que la mesa del comedor era en realidad una tabla para planchar.

EL ENCUENTRO IMPROBABLE DE DOS MUNDOS

Así que mis padres, Gloria y Eloy, provenían de dos orígenes muy diferentes, de *backgrounds* diametralmente opuestos, costumbres y religiones distintas, pero se conocieron estudiando en la ciudad de Miami y pusieron su amor por encima de todas esas diferencias y defendieron su deseo de estar juntos.

Luego de tres años de romance, y después de casarse, se fueron a estudiar un posgrado en Dallas, Texas. Allí mi papá empezó a trabajar para una corporación bastante grande, mientras se puso como objetivo regresar a Venezuela que pasaba por un momento económico espectacular. Y bueno, ya estaban esperando a que yo naciera...

Y así es como mi mamá, embarazada, llegó con su nueva familia a Venezuela donde nací y me crie junto a mis dos hermanos menores, Óscar y Daniel.

Y tú me preguntarás entonces: "Alberto, ¿para qué sirve la historia de tus padres o de tus abuelos cuando uno está buscando qué hacer con su vida, cómo tener éxito y no rendirse frente al fracaso y el rechazo?".

Si algo he encontrado en todo el estudio del árbol genealógico de mi familia es que tiene algo en común:

LO MUCHO QUE HAN LUCHADO PARA ENCONTRAR UNA VIDA MEJOR.

Y fíjate un dato: vengo de una familia en la que prácticamente desde hace mucho, nadie, en ningún lado, ha pasado más de una generación en el mismo lugar.

Entonces, esta historia no puede ser ignorada ni desperdiciada para conocer quién soy, quién he sido y por qué me comporto de tal o cual manera...

—¿Y tú de dónde eres, Alberto?

—Pues yo me siento venezolano...—y ahí empieza toda la cantaleta—, pero mi padre es cubano, mi madre era colombiana, un abuelo rumano, una abuela ucraniana, de religión entre católicos y judíos —y ahora le agrego el dato más reciente—, de esposa mexicana e hija miamense.

Ese es realmente quien soy.

Entonces, tú, que estás tratando de trazar una ruta y de luchar por lo que deseas:

Te invito a encontrar algunos factores comunes en tu historia familiar.

En esta, mi historia, he encontrado la constante de que todos estos miembros de mi pasado —de ambas ramas hacia arriba, que han sido parte del milagro de que yo exista en esta tierra—, tienen un factor en común: tuvieron la constante amenaza de poder perderlo todo en cualquier momento.

Más aún, los cambios de país solo hablan de la esperanza que los abrazaba al estar dispuestos, de una manera muy valiente, a abandonar todo y reforzar la capacidad de empezar de nuevo.

Y no, no vengo de una familia de comunicadores ni de presentadores de televisión. Aunque mi papá trabajó en radio mientras era todavía muy muy joven como algo temporal, el hecho es que no, para nada vengo de una familia de comunicadores. Entonces de lo que te hablo no es de la inclinación profesional o una tradición a lo que se dedican o de que el sueño que tengas sea el que se ha compartido por generaciones atrás.

Me refiero más bien a la esencia, a eso que compartes de sangre con las personas que han existido antes que tú y que se llaman tu familia.

En mi caso, la característica que es una constante, que aparece una y otra vez en mi historia personal, es LA INQUIETUD POR SALIR ADELANTE.

Esas ganas de, a pesar de todos los obstáculos, triunfar. Una necesidad de nunca conformarse…

A pesar de que tú y yo somos soñadores (si no lo fueras, sé que no estarías leyendo este libro), en ocasiones nos acomodamos y pensamos que lo que tenemos ahora siempre va a estar ahí y, por lo tanto, a lo mejor no es necesario buscar algo nuevo, otro reto, o una nueva oportunidad o un mejor ingreso.

Mira a los migrantes, cómo cambian de ciudad, de país, de idioma en busca de nuevos horizontes. Esas personas están buscando algo mejor. Quizás "el qué" no está claro, pero saben que su destino está en la esperanza de nuevas oportunidades.

Si no conoces, reconoces, aceptas y te enorgulleces de la historia de tu familia, estarías dejando sobre la mesa una de las oportunidades más grandes de tu vida de inspirarte y lograr grandes cosas.

ASEGÚRATE DE NO DESPERDICIAR TU PROPIA HISTORIA

Lo que te quiero decir es que lo que te ayuda a entender quién eres, qué es lo que te mueve, qué te motiva y qué es lo que te empuja a salir adelante, buscar y encontrar la prosperidad que deseas, y disfrutar creando ideas que impacten a muchas personas, es conocer tu historia.

Yo te pido que te tomes un momento solamente para pensar de dónde vienes, quiénes son o eran tus padres, quiénes son o eran tus abuelos, qué los viste hacer, cómo los viste reaccionar a las cosas que les preocupaba, qué los movía, y te vas a dar cuenta de dos cosas: primero, encontrarás la explicación de por qué eres como eres y, segundo, te ayudará en el proceso de encontrar lo que quieres.

"Alberto, pero mi historia no es tan complicada. Aquí llevamos cinco generaciones naciendo y viviendo en el mismo lugar", podrías decirme. Y mi respuesta es que toda familia tiene una historia interesante, única, irrepetible, que a lo mejor no tiene que ver con cambiar de país, pero puede tener que ver con superar retos de salud, vivir amores imposibles y tantos otros temas.

Si buscas esa "novela" de tu familia, la vas a encontrar y vas a aprender un montón sobre ti mismo.

Así y solo así, la perseverancia, que a lo mejor habías perdido en algún momento —en medio de rechazos, estreses, preocupaciones y más—, hará acto de presencia cuando te des cuenta de todo lo que lucharon las generaciones anteriores de tu familia y podrías recordar cuáles son esas cosas por las que vale la pena luchar.

¡Y ojo! Porque el investigar tu pasado podría hacer que encuentres historias que no te hagan sentir muy orgulloso. En un mundo donde la gente hace cosas buenas y malas, podrías comenzar a preguntar por ahí y encontrarte con un abuelo que robaba, una tía que entregaba su cuerpo a cambio de dinero (sé que te estás riendo) o un primo que fue político y fue preso por corrupción. Pero no te preocupes, porque esto lo puedes convertir también en una oportunidad de darle una vuelta completa a tu historia familiar a través de tus propias acciones, así como de romper patrones que a lo mejor has visto en tu círculo y que sabes que no son buenos para ti.

Así como tú puedes ver con mucho o poco orgullo cuánto han luchado generaciones pasadas, imagínate por un momento cómo quieres que tus hijos y las generaciones futuras te recuerden a ti y úsalo como inspiración. ¿Cómo lucen ese legado y esas lecciones de lucha que le quieres dejar a los que vengan después de ti?

Capítulo 3

Convierte tu dolor en impulso

Recuerdo haber percibido, poco a poco y cada vez más marcada, una sensación de rechazo por parte de algunos de mis compañeros de escuela.

UNA INFANCIA FELIZ

Desde el punto de vista familiar, puedo decir, sin temor a equivocarme, que tuve una infancia muy feliz. Le estoy muy agradecido a Dios por haber nacido en esa familia con padres y abuelos amorosos, hermanos, tíos, primos, en fin, una vida familiar de la cual no me puedo sentir más que privilegiado.

Mi vida de niño fue muy linda: familia de Colombia o de Miami, que venían a visitarnos a Caracas. De la misma manera, tuve la fortuna de poder viajar a visitar a mi familia fuera de Venezuela.

La escena que te muestro, en efecto, es bella, hermosa, llena de amor: desde pequeño mi mamá siempre nos inculcó a estar en diferentes actividades aparte de la escuela, mientras papá estaba trabajando muy duro para garantizar la tranquilidad y la prosperidad del hogar.

Precisamente, por la historia personal de mi padre —quien lo había perdido todo saliendo de Cuba con una mano adelante y una mano atrás—, pienso que tenía una actitud de agradecimiento con la buena vida que llevábamos y por eso tenía como objetivo conservarla.

¡Cómo recuerdo con gran alegría todos y cada uno de mis cumpleaños! Nunca faltaba un payaso, o un mago, las decoraciones de "Batman" o de "El Hombre Araña", mi madre encargada de los arreglos, y la emoción de hacer las bolsitas de regalo para todos los niñitos invitados.

En fin, una infancia muy feliz dentro de lo familiar... pero me pongo a pensar en mi experiencia dentro del colegio, ahí los recuerdos son bien diferentes...

MI PASO POR EL COLEGIO: UN PROFUNDO DOLOR Y RECHAZO

¡Claro, y es que así es la vida! Tienes un aspecto lindo, pero, por otro lado, el destino te pone experiencias que debes afrontar...

—Entonces, a ver, Alberto, piensa: ¿tu infancia no fue taaan bonita?

—Sí, pero en la escuela no tanto.

Todo empezó siendo muy muy pequeño, en mi primera escuela.

Se trataba de una escuela pequeña muy cerquita de mi casa en la cual estuve desde el grado "maternal" hasta sexto de primaria.

A partir más o menos de los nueve años, como en cuarto grado, empecé a experimentar los sentimientos más desgarradores que un niño (como a lo mejor lo sabes), pueda padecer.

Recuerdo haber percibido, poco a poco y cada vez más marcada, una sensación de rechazo por parte de algunos de mis compañeros de escuela. Y de cada recuerdo aislado, regresa el dolor intenso, profundo y tormentoso.

TE DESTROZA SER VÍCTIMA DE *BULLYING*

Dentro de las memorias hirientes que tengo, recuerdo lo que sucedía en la clase de educación física. Lo primero que me viene a la mente es lo malo que era yo en deportes. ¿Te sientes identificado? Es que en efecto, muchas veces comienza ahí...

Dos veces a la semana me ponía ropa de educación física y tenía que enfrentar la clase de deportes. Como cualquier colegio, jugábamos cosas como fútbol, *kickball*, voleibol, en fin, lo normal de deportes escolares. Y ahora, todavía de adulto, recuerdo que:

¡No había momento más angustiante que cuando era la hora de elegir a los equipos!

Como en fotos color sepia, con lágrimas y con un corazón acelerado, recuerdo cómo el maestro seleccionaba a los capitanes de los equipos, y estos se daban a la tarea de elegir a quienes querían en su equipo.

Una sensación horrible penetraba todo mi cuerpo.

Empezaban los capitanes y escogían a un miembro para su equipo, y el otro equipo elegía a otro, y así... hasta que siempre, irremediablemente, yo me quedaba de último.

Llegó un momento en que esa situación se repetía cada vez. Entonces yo ya sabía que me iba a quedar de último, siempre. Me di por vencido. No nada más porque ya se había hecho una rutina, sino, sinceramente, porque yo sabía que no era bueno. Pero además hay una percepción terrible que te abraza de que, probablemente, en verdad, seas el peor. (Ahorita que lo pienso bien, eso era esencialmente una verdad, ¡pero cómo duele!).

Toda esta situación me causó una gran humillación la cual aumentaba semana por semana.

Este motivo de burla más tarde se trasladó, también, a los momentos del recreo en donde la mayoría de los niños varones decidían jugar en el patio alguna actividad deportiva y donde yo era automáticamente excluido.

¡Ah, pero ahí no terminó todo! ¡Esto fue solo el principio!

A los 10 u 11 años de edad, la situación del *bullying* se agravó. Comencé a sentirme mucho más rechazado, empecé a ver burlas y a sentirme utilizado por algunos como una especie de saco de boxeo.

Me convertí en la persona en quien muchos descargaban sus frustraciones. Recibía, a diario, infinidad de burlas y rechazos. Esconderme para evitarlo era muy difícil, sobre todo siendo el más alto del salón.

¡Cuánta impotencia y rabia contenida puede llegar a sentir un niño sin conseguir hacer nada!

Recuerdo a mi mamá yendo al colegio, no tratando de acusar a nadie, sino para hablar con las maestras acerca de esta preocupación, y las maestras, pues, hacían su mejor esfuerzo, pero las cosas simplemente no mejoraban.

Yo, un niño tímido, no muy esbelto, pecosito, introvertido, con muy pocos amigos, algunos que me recibían en su casa para jugar o que venían a mi casa, también pero eran contados... Mis amigos, durante mi educación primaria, eran mucho menos que los dedos que tiene una mano.

En la época de la escuela primaria viví mucho el bullying,
pero también fui un niño muy feliz.

Mis padres, ya muy preocupados (y sosteniendo siempre una constante comunicación conmigo) tomaron la decisiones de hacer un cambio de colegio.

"¡Todo esto se acabó! ¡Me voy a otra escuela!", pensé esperanzado.

Nada más alejado de la verdad.

En séptimo año me cambiaron a un colegio más grande con muchos más estudiantes y de excelente nivel académico.

Era de esperarse que todos nosotros, en particular mi mamá, teníamos todas las esperanzas puestas en que el cambio de colegio iba a lograr que todas estas burlas incómodas desaparecieran, precisamente, por el perfil del instituto.

¡Pero el *bullying* no desapareció!

Nada más lejano a eso.

Mi única alternativa era:

CONVERTIR MI DOLOR EN IMPULSO

Al ingresar a séptimo grado en esta nueva escuela, las cosas no cambiaron. Algunos de mis nuevos compañeros eran más crueles. Debido a mi timidez, lo primero que sucedió es que algunos decidieron llamarme "el autista" . Pero no todo terminó ahí, continuaron las innumerables burlas, sobrenombres y acciones que es precisamente de lo que se trata ser víctima del *bullying*: convertirse en el blanco de cualquier tipo de bromas, crueles y lastimeras...

Los compañeros crueles eran unos pocos, pero los sentía como si fueran muchos. Un día me vi a mí mismo dibujado como en caricatura pintado en un papel, puesto en una cartelera de corcho dentro del salón con la palabra "autista", hasta que la maestra la descubrió y la bajó, pero el daño emocional ya estaba hecho.

Y así, las barbaridades que son capaces algunos jóvenes hacia otro ser humano. ¡Cómo recuerdo haber estado en educación física y acercarse un grupo grande de niños que me iban a hacer algo, así que me distraen para que yo no me diera cuenta, y una persona se coloca por detrás para bajarme los *shorts* ante la risa de todos al exponer mi ropa interior! La vergüenza tóxica te lleva a querer que la tierra te trague, ¡y yo todavía era un niño!

Evidentemente, el sueño de no ser el último al momento de elegir algún miembro en el equipo de educación física se desvaneció...

Ser víctima de *bullying* es un acoso e intimidación con terribles consecuencias emocionales en un niño o un adolescente. Así fue esto para mí. Mi primera gran lucha frente al rechazo.

¡Tú que me lees, quizás lo sabes! Entiendes lo terrible que puede llegar a ser.

El *bullying* es definido por los expertos como una acción llevada intencionalmente por uno o varios agresores con el propósito de maltratar, agredir y generar inseguridad o entorpecer el desenvolvimiento de la personalidad de la víctima. Y el *bullying* verbal... ¡duele tanto como el físico! Lo usan, los *bullies*, como forma de poder para humillar a otros, para sentirse superiores y para crear un grupo de aliados cuyo objetivo es agredir.

¡*Wow*! Años después lo pienso y me doy cuenta de lo tremendo que fue para mí y para cualquier pequeñito ser *target* de un *bullying* escolar... ¡Imagínate el daño psicológico que causa a niños por ser sumisos y que no tienen la capacidad para defenderse, o que presentan baja autoestima, o solo porque son inseguros o tímidos, o son físicamente más altos o bajos, o porque de alguna manera "los otros" creen que esa personita es diferente!

Pero, en esos momentos, yo no entendía por qué me sucedía.

Durante muchos, muchos años, mientras estuve ahí siendo víctima de la tremenda presión y maltratos, no comprendía por qué me hacían eso. No lograba vislumbrar qué era lo que hacía yo para merecer eso.

"¿Será porque tengo buenas calificaciones?", pensaba. Pero también veía que otros tenían buenas notas y no los trataban así, y se llevaban bien con todo el mundo. El punto es que, durante toda esa oscura época, NUNCA ENTENDÍ POR QUÉ ME SUCEDÍA ESO A MÍ

—¿Nunca pensaste que la razón podría haber sido que tú eras diferente a los otros? —me explicó recientemente mi terapeuta—. Simplemente tú fuiste muy diferente a los demás. Tú me has contado en las sesiones cuánto te han importado siempre los demás. Tu manera de ser siempre te ha llevado a sensibilizarte hacia los otros.

TU DOLOR PUEDE SER UN IMPULSO

Ahí es donde se te abre el mundo y te das cuenta de que TU DOLOR puede ser un IMPULSO. Resulta que entre 9, 10, 11, 12 años son de las edades más egoístas del ser humano y es cuando la persona se está concentrando en satisfacer sus propias necesidades y divertirse a toda costa. Mientras tanto, a mí me importaba mucho más de la cuenta el bienestar de otros, no me gustaba ver cómo otros sufrían por una broma de mal gusto y no me prestaba para esos juegos. Al no querer pertenecer a ese club que buscaba risas y diversión a costa de darles un mal momento a otros... pasé a ser parte de los "otros", los agredidos.

Hay personas como yo, o como tú, que quizás hemos sido víctimas de acoso, y que también...

¡ESTÁBAMOS AL PENDIENTE DE OTRAS COSAS!

Y esto es absolutamente incompatible con lo que en general están preocupados los demás niños y adolescentes, que es en sí mismos.

Entonces me fijé bien cómo era, y sí, ahí estaba yo (como tú) pendiente de otro tipo de cosas, pendiente de que otras personas se sintieran bien, pendiente de cuidar a otras personas, pendiente de ser más generoso.

¡Se me abrieron los ojos!

Y a lo mejor en tu caso ya ha pasado mucho tiempo desde aquel momento difícil de tu vida que te marcó, pero tú también tienes la oportunidad de encontrar una interpretación para lo que te ocurrió. Y la interpretación solo tiene que ayudarte a sentirte mejor, a reconciliarte con tu pasado y, sobre todo, a perdonarte si es que hay algo de culpabilidad dentro de ti.

Lo mío fue el *bullying*. A lo mejor lo que te ocurrió a ti tuvo que ver con una situación de maltrato o violencia, la separación de tus padres, dificultades económicas en tu niñez o tantas otras cosas. La principal pregunta que te sugiero que te hagas es ¿qué significado tuvo eso en mi vida? También piensa ¿cómo reaccioné o le saqué provecho a esa situación para estar mejor? Y, finalmente, ¿cómo puedo sacarle provecho hoy en día a mi propia historia dolorosa para impulsarme como ser humano?

Algunas de estas experiencias del pasado pueden ser parte de lo que los psicólogos llaman "trauma generacional", es decir, la transferencia de experiencias traumáticas o estresantes de una generación a la otra, bien sea por experiencias propias, bien por ser testigos de violencia o vivir en un ambiente donde la violencia es una amenaza constante.

FUENTE: https://www.talkspace.com/blog/generational-trauma

Y, aunque nada de esto es fácil de resolver, es importante entender nuestra propia historia, entender el efecto que ha tenido en nosotros, así como observar la forma en la que reaccionamos a todo eso que nos pasó y cómo nos defendimos.

SÁCALE PROVECHO

Y en mi caso PUDE SACAR PROVECHO DE LO QUE ME SUCEDIÓ.

El miedo a interactuar y ser herido me hizo buscar otras cosas en qué enfocar mi energía.

Un día descubrí que mi papá tenía una pequeña colección de estampillas o sellos de correo antiguos. Entonces decidí comenzar mi propia colección y pude haberme quedado ahí, pero no, ahí es donde aparece: EL IMPULSO.

¡Llevé lo de ser coleccionista de estampillas a OTRO NIVEL!

Descubrí el coleccionar estampillas (sellos de correo) como una distracción. Podría haberme quedado como un coleccionista más, pero me inspiré y le dedicaba mucho tiempo (quizás para no pensar en otras cosas). Comencé a participar junto a mi hermano Óscar en las reuniones del "Club Filatélico de Caracas" los fines de semana (filatelia se le llama al estudio de sellos de correo). Posteriormente organicé el club de coleccionistas del colegio, donde niños más pequeños comenzaban sus colecciones y se quedaban conmigo semanalmente después de clases para intercambiar. Organicé la primera y única exposición de colecciones estudiantiles en nuestro colegio. Logré el apoyo del Instituto Postal de Venezuela, quienes trajeron en camiones enormes *displays* especiales para mostrar colecciones de sellos. Y me las ingenié para que Pepsi nos patrocinara e hiciera los carteles enormes de bienvenida y promoción del evento. ¡Todo eso a mis 14 años de edad!

¡Increíble cómo pude encontrar una pasión para aliviar mi dolor!

IMPULSO PARA TUS PROYECTOS

Yo creo que mucho de lo que hoy en día soy se lo debo, en parte, a la búsqueda de *ese* refugio para mi dolor. Conocí la satisfacción de que, basándome en ese dolor, me topara con un impulso para lograr cosas inimaginables.

Si no hubiera tenido esas grandes dificultades, no hubiera encontrado esa pasión.

Estoy seguro de que si tú retrocedes en tu mente a los momentos más dolorosos, a los instantes más difíciles de tu infancia o adolescencia te vas a dar cuenta de cómo te impactaron, cómo te refugiaste y cómo marcaron quien eres hoy en día.

Recuerda y reconoce quién eras en ese momento y cómo esto ha definido quién eres hoy, pero sobre todo mucho de lo que poco a poco tú y yo hemos decidido hacer en nuestras vidas tiene que ver con el dolor que experimentamos.

Cómo nos refugiamos. Cómo nos protegimos. Eso nos hace ser quienes somos.

Capítulo 4

Demuéstrale a los *bullies* que tú sí vales

He visto cómo el destino de muchos se marca en su infancia o en su adolescencia.

Pues sí. Yo fui un niño **bulleado**. Como muchos otros. Como alguien cercano que conoces. O quizás, como tú que me estás leyendo.

Pero yo, ¿qué hice?

ME DEDIQUÉ A PONER MI ENERGÍA EN OTRO LADO

A partir de que apareció la idea de coleccionar estampillas y me puse a hacerlo, como ya te conté, mi vida cambió. Esa fue la manera que yo, como niño, encontré para aligerar mi dolor. Y los resultados se notaron tanto externa como internamente.

Pero además, te cuento que, como yo sufría en la escuela, me volví un chico que me entusiasmaba por los eventos y actividades extraescolares, es decir, lo que yo hacía era poner mi energía en otro lado.

En los últimos años de bachillerato o *high school*, había llegado el momento de decidir qué quería estudiar. Lo más lógico resultaba estudiar Administración de Empresas como lo había asegurado durante tantos años. Era lo que más había visto o lo que más conocía a través de la actividad de mi papá como empresario y, por otro lado, a través del *background* de mi mamá. Aunque ella era psicóloga, venía de una familia de empresarios. Esta imagen de luchar por crear grandes cosas, generalmente, desarrollar negocios muy prósperos, era lo que yo había visto.

Así que siempre acepté, de una manera implícita, que yo estaba hecho para la administración de empresas.

La realidad fue que a pesar de que supuestamente venía con una idea muy clara de lo que quería hacer con respecto a mis estudios y convertirme en un administrador de empresas, cuando uno está en tercero de bachillerato es el momento en que te invade una serie interminable de interrogantes:

"¿A qué universidades voy a aplicar?", "¿dónde voy a estudiar?", "¿estoy seguro que eso quiero hacer por el resto de mi vida?".

¡Qué momento tan difícil! Sobre todo en Venezuela, pues allá las carreras son bastante específicas, contrario a Estados Unidos donde tienes la oportunidad de empezar la universidad con clases muy generales, ¡allá tienes que decir qué carrera vas a estudiar! Y, aunque después te cambies, tienes que elegir lo mejor que puedas...

De pronto empecé a caer en cuenta cómo era yo realmente. Quién era mi verdadero yo.

A pesar de que había sufrido mucho en el colegio, fuera de allí yo era un chico muy comunicativo, expresivo, ¡era todo un contador de historias!

No, no era el muchachito tímido y acomplejado ni tampoco era tan introvertido ni aburrido. ¡Me di cuenta cómo era realmente! Estaba tan alejado a aquello que me habían hecho sentir los *bullies*...

Entendí que me encantaban las artes, la música, la radio, estudiaba piano, ¡cómo me gustaban los conciertos que organizaba mi maestra de música Graciela Payne!

¡Imagínate! Entre mis muchos inventos, yo tomaba una de esas grabadoras de casetes, lo más sencillo del mundo, y me ponía a grabar pedazos de música de la radio y, después, hacía la presentación de las canciones con un microfonito que le conectaba. Y así me la pasaba yo, presentando las canciones para después, cuando terminaba una, introducir otra y así sucesivamente. ¡Como si fuera un locutor! Había algo dentro de mí que apenas estaba descubriendo...

Recuerdo que en algún momento mi papá me había contado la historia de que, más o menos a sus 18 años, cuando todavía vivía en Caracas antes de irse a la universidad, había conducido, como *hobby*, en una importante emisora de radio en Caracas, un programa que se llamaba Música para esta Noche, el cual había tenido muchísimo éxito. Este programa salió al aire en la Radio Nacional de Venezuela. Pero cuando consiguió una beca para estudiar en Miami sus prioridades cambiaron, lo hizo por un tiempo desde el exterior y más adelante dejó de hacerlo.

Finalmente, durante los años finales de la Escuela Superior, o *High School*, tomé la decisión correcta: ¡Cambié mi objetivo de estudiar Administración de Empresas por Comunicación Social!

Y no solo estaba decidido a eso, sino que quería hacerlo en la Universidad Católica Andrés Bello, la más difícil para ser admitido en su importante y prestigiada Escuela de Comunicación Social en Venezuela. Presenté el examen de admisión y fui aceptado teniendo solamente 17 años de edad.

—A ver, a ver. ¿Y qué tiene eso que ver con el *bullying*? Eso solo fue suerte, una decisión bien tomada, ¡le atinaste a la carrera que deseabas!

—Pues no.

Definitivamente yo creo que una parte importante de este cambio de carrera tuvo que ver con lo herida que se encontraba mi alma, mi autoestima, el haber sido víctima de *bullying* por tanto tiempo. Hubo, me parece, un componente importante de lo que yo viví en la decisión que tomé. Resulta abierto, honesto y sincero lo que ahora te confieso.

Siento que decidí estudiar Comunicación, hasta cierto punto y entre otras cosas, por venir de sentirme menospreciado, desvalorado, ignorado, insignificante, inexistente frente a los ojos de tantos y que mi respuesta a eso fue:

¡Le voy a demostrar a esos *bullies* que yo sí valgo!

Era la manera más efectiva, por ser pública, de que todos ellos se enteraran de que estaban equivocados y que yo sí era relevante, que yo sí era importante, que yo sí podía destacar, que yo sí podía ser un líder, que yo sí podía ser una persona admirada por otros, que yo sí podía ser una persona querida por muchos a pesar de que ellos me hubieran ignorado por tanto tiempo.

Estoy convencido de que ese dolor pesó muchísimo para que yo encontrara mi verdadero camino. Y no podría traerme más satisfacción, ahora en mi vida adulta, que tuviera la capacidad de convertir mi pena en lo que hoy es mi forma de vida que amo tanto.

Con el paso del tiempo empecé a ver cómo el mundo está lleno de historias de personas que han dedicado su vida a ciertas carreras basados fuertemente en experiencias de vida que los marcaron.

He visto cómo el destino de muchos se marca en su infancia o en su adolescencia. Me ha tocado conocer a personas que vienen de una familia arruinada financieramente y se convierten en expertos en finanzas, o algunas personas que tuvieron traumas terribles como el asesinato de un padre y se convierten en abogados, en jueces, en policías...

El dolor que se convierte en impulso, se vuelve tu valor.

Actualmente, a través de mi trabajo de promoción del Hospital de Investigación Infantil St. Jude (St. Jude Children's Research Hospital) para niños con cáncer, he conocido varias historias de niños que fueron pacientes del hospital, sobrevivieron al cáncer y han tomado la decisión de convertirse en investigadores, médicos y, en ocasiones mercadólogos, todos con el objetivo de salvar vidas de niños con cáncer, como una vez lo fueron ellos. Su enfermedad y su enorme dolor después de encontrar la cura se convirtieron en valor, bien sea a través de la investigación clínica, al atender pacientes, o al mercadear organizaciones altruistas similares. Incluso muchos pacientes se han convertido en empleados de ese hospital con el pasar del tiempo.

(Para apoyar la causa del St. Jude, por favor visita www.StJude.org/espanol).

En ocasiones, Dios te muestra un camino: de un dolor te surge una pasión, pero...

¿Qué hacer si no tienes claro el camino a seguir? ¿Qué puedes perseguir si ese dolor de todos modos no te da ninguna pista? ¿Qué hacer si aún sientes que no tienes un rumbo claro y no sabes por qué cosas luchar en tu vida y en tu carrera?

SOBRE TODO, DEBES BUSCAR CLARIDAD

Voy con la historia de un tocayo. Albert Einstein nació en una familia judía. Su madre, que sabía tocar diversos instrumentos musicales, inspiró la pasión musical del pequeño Albert. También influyó mucho en él su tío Jakob Einstein, ingeniero, que le daba libros de ciencia para que los leyera. Además, Jakob montó con el padre de Einstein un taller donde llevarían a cabo proyectos y experimentos tecnológicos de la época y, a pesar de que este fracasó, Albert creció contagiándose de ese espíritu inquieto y amante de la ciencia.

Fue un niño solitario que se entregaba al estudio y a la lectura, concentrado y paciente. No comenzó a hablar hasta los tres años y eso, unido a su carácter, hizo plantearse a sus padres si su hijo sufría alguna discapacidad intelectual.

Él mismo confesó, cuando ya era conocido, que estaba seguro de que fue capaz de desarrollar la teoría de la relatividad debido a su desarrollo intelectual tardío ya que un adulto normal no se pregunta sobre el tiempo y el espacio, menos cuando se es niño.

A los 5 años, en el transcurso de una enfermedad que le hizo reposar en cama, su padre le regaló una brújula de bolsillo. Para este niño tímido y observador, este acontecimiento sería determinante ya que le fascinó el hecho de que aquella aguja siempre apuntara en la misma dirección sin estar en contacto con nada. Esa curiosidad innata sería motivada y alentada por sus padres que le educaron en la perseverancia y la investigación.

Esta fue la manera en que Albert Einstein empezó a entender lo que sucedía a su alrededor. Esta experiencia —confesó ya de adulto—, tuvo una impresión profunda y permanente. Supo que existían cosas más profundas de lo que podemos ver y eso lo convirtió en uno de los más grandes influyentes científicos de la historia.

¿Qué fue lo que encontró Albert Einstein?

Pudo perfectamente haber encontrado razones para pasar su vida resentido por haber hablado tarde o por haber tenido una enfermedad que lo dejó en cama por mucho tiempo a los 5 años.

Pero más bien encontró claridad en su camino. Dirección. Su brújula le ayudó a encontrar su norte en más de un sentido. Así supo que no podría dedicarse a otra cosa más que a investigar, preguntarse y descubrir qué había detrás de cada cosa. ¡Y eso lo hizo a los cinco años! (¡Qué suerte encontrar claridad y dirección a esa edad!).

—Entonces, Alberto, tú me dices que busque claridad, pero ¿cómo?

Yo te invito a regresar a tus experiencias, no solamente para pensar en las cosas que disfrutabas cuando pequeño, sino también en el dolor que has vivido. Ahí, justo ahí, podrías encontrarte con una carrera, un oficio o una misión de vida. Podrías ayudar a personas que pasen por lo mismo que tú pasaste. De eso se trata el famoso proceso de "encontrar nuestro propósito". De entender qué nos faltó, cómo lo compensamos y cómo podemos ayudar a otros a lograr lo mismo.

¡Vale la pena echarte un clavado a tu infancia!

Esa misión de vida, si la descubres, te puede traer grandes satisfacciones y que incluso, por qué no, ayudes a personas que pasan por lo mismo que tú pasaste a superarlo, a sobrevivirlo.

Capítulo 5

Vuelve a ser niño

"¡Bienvenidas sus propinas!"

Me acuerdo, desde muy pequeño, haber estado inventando todo tipo de actividades de negocio con mis hermanos.

JUGANDO A LOS NEGOCIOS

Una de las cosas de las que hoy llegan a mi memoria es aquel primer gran negocio que se nos ocurrió de pequeños. Mi hermano Óscar y yo "abrimos" una compañía que se llamaba Comercial El Papel. Esto de llamar "comercial" a un negocio es una forma común que se usaba en Venezuela y se refiere a cuando la gente vendía algún objeto. Por lo tanto, a muchas empresas que compraban y vendían se les ponía el nombre de "comercial" tal o cual. Y como mi hermano y yo veíamos que mi papá era empresario, no quisimos quedarnos atrás y se nos ocurrió formar la nuestra propia y llamarla Comercial El Papel.

Comercial El Papel estaba constituida por mi hermano y yo de unos 9 y 10 años. La estrategia comercial era ir a la oficina de mi papá, y esta, nuestra compañía, vendía dibujos realizados por nosotros mismos nada más y nada menos que a los propios empleados de su oficina.

A él le daba muchísima vergüenza porque los pocos días que podíamos ir a su oficina nos poníamos a dibujar y anunciábamos que habíamos abierto, una vez más, Comercial El Papel, y ahí nos poníamos a vender nuestros dibujos. Hacíamos dibujos muy bonitos en mi opinión, o no tan bonitos, pero el hecho es que se los vendíamos por un bolívar a los empleados.

Mi papá a cada rato nos decía "ya, por favor". Claro, tenía esta preocupación de venderle algo a un empleado y como éramos unos niñitos y además hijos del jefe... ¡Cómo no nos iban a dar un bolívar! Era muy poquita plata por cierto... Pero éramos todo un éxito y nos compraban nuestras obras de arte con la mirada orgullosa y a la vez preocupada de mi padre. Fuimos tan exitosos que un día hicimos una celebración del primer aniversario de Comercial El Papel en la oficina de mi papá. Así pasamos varios veranos, vendiendo y ganando dinero en nuestro tiempo libre y con nuestro arte en Comercial El Papel.

Pero después nos inventamos otro *bisnes*. Mi papá nos traía chocolates de sus viajes a Estados Unidos y nosotros nos encargábamos de venderlos en el colegio, cosa que por cierto estaba prohibida.

Imagínate, en nuestros países latinoamericanos que nos encanta probar sabores diferentes, que en esa época teníamos siempre los mismos dulces y los mismos chicles y pues llegábamos nosotros con bolsas de chocolate americano como *Milky Ways*, *3 Musketeers*, todas esas cosas. Mi papá nos los compraba en Miami en paquetes grandes y nosotros los abríamos y los vendíamos de manera individual.

¡Era toda una aventura fantástica nuestro negocio de golosinas!

Y era tan bueno y tan conocido por todos que venía la hora del recreo y no había manera de hacerlo discretamente, porque todos los niños salían corriendo pues querían comprar chocolates.

Hasta que un día se acabó, y lo recuerdo tan nítidamente que vuelvo a sentir la rabia. Me parece que en esta ocasión estaba vendiendo yo solo y el negocio iba bien. Yo ahí vende y vende chocolates, y de repente me quitan los chocolates y me quitan el dinero y se los llevan a la oficina de la directora. ¡Me moría de coraje de que hubieran arruinado mi negocio de chocolates!

—Alberto, pasa a la hora de la salida por la oficina a recoger tus chocolates y tu dinero y más nunca lo vuelvas a hacer.

Llego a la oficina de la directora y empieza a buscar dónde estaban los chocolates y el dinero, pero ¡oh, sorpresa!, aparecen los chocolates pero no apareció el dinero.

—No sabemos qué pasó. Alguien tuvo que haber entrado y se lo ha llevado de la oficina —dijo la directora, y yo con aquella rabia que no te puedes imaginar.

—Pero ¿cómo es posible? Ese es mi dinero y es mucho —tratando de hacerme justicia.

—¡Ah, bueno!, mira, pues no sabemos qué pasó.

Yo me quedé sin la plata y sin aliento. El dinero lo tuvo que haber robado algún empleado y yo me quedé con un sentimiento de coraje tremendo. En fin, ese fue, por diferentes razones, el fin de mi negocio de los chocolates.

Otra idea de negocio, me acuerdo con agrado, se trataba de los *shows* de actuación, canto y comedia para la familia. Eso lo hacía también con mi hermano Óscar a quien le llevo 18 meses; mi hermano Daniel era mucho más pequeño, entonces él no participaba porque hay una mayor diferencia de edad.

Realizábamos un *show* de actuación, canto y comedia muy completo y "bien producido". Poníamos música en el reproductor y mi hermano era el encargado de los chistes, porque él siempre ha sido el chistoso de la familia, mientras yo tocaba piano y no recuerdo si también cantaba, pero seguro que también me atreví a hacerlo. Montábamos en escena todo un espectáculo.

Al final recuerdo que, entre broma y broma, nos asegurábamos de decir:

—¡Bienvenidas sus propinas!

¡Bienvenidas sus propinas!

Siempre teníamos familia de visita, los que venían desde Colombia o venía mi abuela de Miami. No se nos permitía, sin embargo, hacerlo cuando eran invitados de mis padres por cuestiones de negocio. En esas ocasiones teníamos prohibido montar nuestro espectáculo.

Recuerdo nuestra rutina que aparentaba ser muy profesional:

"Los invitamos a pasar a la salita de estar del piso de arriba. Tenemos todo listo para que dé inicio el *show*". Ahí nos poníamos a hacer el *performance* de canto, música y comedia... ¡Nos llevábamos buena plática y nos divertíamos de verdad!

Hubo otra época en la que nos inventamos un club de alquiler de videos porque teníamos montones de películas en VHS.

Me acuerdo que en una habitación de la casa hicimos un *display* de todas las portadas y los videocasetes. Estaba de moda Blockbuster, es decir, en su apogeo esto de alquilar video, y pues nosotros todas las películas que mi papá nos había traído, y que ya habíamos visto, acordamos ponerlas en renta en lo que bautizamos: "Club de Alquiler Prados del Este" (que era el nombre de la zona donde vivíamos nosotros).

Tomábamos muy en serio nuestro centro de negocio "Club de Alquiler Prados del Este" porque, además, poníamos música en el cuarto como para ambientar el local y aparte de esto lo publicitamos con *flyers*... pero nadie venía. Entonces comenzamos con la publicidad de boca en boca, le avisamos a mis vecinos, a mis amigos.

"Sí, yo voy, sí, yo voy, y sí, me interesa". Nunca tuvimos a nadie; jamás alquilamos un solo video.

Para ese entonces tenía yo unos 10 u 11 años.

EL NEGOCIO EN SERIO

Ya más grandes, ya de adolescentes, vino un negocio en serio. Y es que todos los sábados cerca de donde vivíamos se ponía un mercadito, literalmente, debajo de la autopista por la zona de mi casa, en un espacio completamente abierto.

La Alcaldía permitía colocar un mercado, era como *Farmers Market* básicamente, y ahí se vendía de todo: vendían muchos vegetales pero también encontrabas el vendedor de pollo, el vendedor de quesos y el vendedor de ropa, el vendedor de curiosidades y el vendedor de no sé qué.

Entonces mi papá era amigo de un señor que entre otras cosas importaba "cotufas" (palomitas o *popcorn*) que se hacían en microondas, que estaban súper de moda. El *popcorn* de la marca ACT II era ya famoso y toda una novedad en ese momento.

Y entonces hablamos con el amigo de mi padre. Tendríamos como 12, 13 o 14 años; lo convencimos y le compramos a precio mayorista las cajas de paquetitos de cotufas de microondas.

Luego nos íbamos al mercadito a poner nuestra mesa habiendo hecho muy profesionalmente todos los trámites: nuestro permiso, el pago de nuestra mesa el cual se renovaba semana tras semana, y nos pusimos a vender. Yo no sé por qué elegimos ese producto pero a la gente le encantaba. Se vendía muy bien y le ganamos plata, y nos sentíamos muy orgullosos y triunfadores con nuestro negocio.

Hago un recuento y siempre me encantó hacer negocios, planear, realizar y ganar dinero. Lo recuerdo y se me viene la misma emoción que entonces...

EXACTAMENTE IGUAL A COMO CUANDO ERA NIÑO

Todos estos cuentos de diferentes actividades que tuve cuando niño y adolescente tienen un porqué en esta conversación contigo.

Hoy en día, de adulto, cuando he tenido la oportunidad de crear programas de televisión, programas de radio, publicar libros, dar conferencias por diferentes ciudades, hacer segmentos para mi propio programa de televisión que hoy conduzco, pero también crear y producir varios programas de televisión para otros, es decir, cualquier proceso creativo en donde tengo que planear para que se haga realidad, me regresa ese sentimiento de emoción inigualable de cuando era niño.

Por lo general, yo abordo cada proyecto, cada *file* o documento en blanco que abro para empezar la estructura de algo y me siento lleno.

¡Me invade la misma emoción, curiosidad, ganas, iniciativa, ilusión, energía creativa de cuando yo hacía todas estas actividades de chiquito!

¡La misma!

En este proceso que vivo a diario, por ejemplo, me asignan un proyecto y me inspiro con la misma ilusión que me daba el proyecto de los chocolates o las palomitas o Comercial El Papel...

Por ejemplo, al producir y escribir un programa de radio, se crea el reloj, que así se le llama a cómo fluye el tiempo en el programa. Entonces se anota: identificación de la radio, luego se habla por 3 minutos, luego se pone una canción o se ponen dos canciones, luego vamos a comerciales y disfruto, minuto a minuto, la creación de un programa y de ese reloj.

Lo mismo me sucede cuando invento frases en El News Café. Y lo hago como si fuera niño.

Todos los días digo al aire: ¡Llegó carta! Y esa frase ha pegado porque es de esos inventos que se me ocurrieron con ingenuidad y la misma emoción.

Como si fuera niño...

Con Jennifer Lopez, quien no aguantó las ganas de pedirme una foto.

Esto me lleva a la ocasión en la que entrevisté a Jennifer Lopez y cuyas palabras se me quedaron grabadas.

Te cuento. Me llama la gerente de ventas de la radio y me dice:

—Alberto, tienes oportunidad de viajar a Las Vegas para el *show* de CES (el *show* de electrónica más importante de Estados Unidos) porque J.Lo va a estar anunciando su nueva empresa de servicio de celulares dedicada a los latinos y quisiéramos que tú fueras la persona que entreviste a Jennifer por parte de Univision Radio.

Con una emoción bárbara, nos fuimos a Las Vegas con mi jefa Claudia Puig y con todo el equipo a grabar a Jennifer Lopez, tanto en audio como video, para poder compartirlo también en Internet.

La entrevista tenía que ser muy breve, pero al tenerla frente a frente advertí la completa disposición por parte de ella. Sin embargo, la conversación debía ser orientada, por supuesto, al lanzamiento y no a cosas personales, básicamente, por falta de tiempo. Yo tenía que pensar muy muy muy bien las preguntas porque yo no quería que fuese solamente promocional; quería que nos diera algo interesante de sí misma, de su vida, algo que le llamara la atención a la gente...

Y entonces, en ese momento, recordé su canción: *I'm still Jenny from the block, used to have a little, now a have a lot. No matter where I go, I know where I came from (from the Bronx)*. Así que le pregunté a manera de cierre:

—¿Qué es lo que existe todavía en ti, Jenny, de esa chica del Bronx, de la *Jenny from the block*, en medio de todo tu éxito?

Y ella me respondió:

—Me sigo sintiendo como la misma niña que era cuando estaba creciendo, tal como tú dijiste: una chica puertorriqueña del Bronx, con muchos sueños grandes y con suficiente valentía para atreverme a luchar por ellos.

Esa fue la respuesta que me dio la mismísima Jennifer Lopez.

Entonces, desde el punto de vista de elecciones que podrías tomar tú, las que tienes enfrente de ti, yo creo que el mejor ejercicio que puedes hacer, cuando no te gusta tu trabajo, cuando uno está harto, cuando dices ¡ya no me gusta lo que hago! Cuando de pronto te das cuenta y piensas "ya no estoy disfrutando mi día a día". Cuando te sientes agobiado porque sabes que te tratan mal en la oficina... Cuando te entra el terrible cuestionamiento de por qué hay gente que sí disfruta lo que hace y tú no o por qué hay gente que es feliz en su trabajo y termino estando amargado, con un jefe que me disgusta y todo ese tipo de cosas, yo te recomiendo lo siguiente:

En primer lugar:

Retrocede para que pienses y recuerdes, lo más claro que puedas, las cosas que siempre te gustaron cuando eras niño.

Acuérdate de lo que disfrutabas, lo que te gustaba, no importa qué, no tiene que sonar a trabajo, trae a tu mente lo que te gustaba, piensa en algo artístico o quizás era ayudar a los demás, cantar, bailar, los carros, experimentos de química, reparar bicicletas...

¿Qué te gustaba cuando eras pequeño?

Es importante que lo recuerdes, ¿sabes por qué? Porque en ese momento estaba más viva tu esencia.

Si rescatamos nuestra esencia tenemos la posibilidad de desaparecer todas estas capas de porquería que aparecen con los años y con lo cotidiano.

Estas capas, lamentablemente, se van apilando una arriba de la otra y de la otra. Se acumulan con la frustración, con las desgracias, con los traumas, los problemas económicos...

Y, sin embargo, la capa más interna de nosotros, la que más estaba a flor de piel por decirlo así, era la de nuestra niñez.

Detente de esta locura del ritmo de vida que tenemos todos, retrocede para que pienses las cosas que siempre te gustaron cuando eras niño y descubre cuáles eran.

En segundo lugar, pregúntate:

¿Por qué dejaste de hacerlo? ¿Qué fue lo que pasó?

Es normal que los retos de la vida se nos vayan atravesando en medio de quienes éramos versus quienes somos.

Es bueno entender exactamente qué cambió en tu vida para entender por qué se detuvo aquello que disfrutabas cuando eras niño.

No pasa nada, al contrario, debes ser sincero pues quizás fue la necesidad económica o una tragedia en la familia o haber encontrado el amor o una mudanza de un país o cualquier otra circunstancia que te alejó de tus sueños.

En tercer lugar:

Se trata del paso de establecer cuáles de las cosas que te gustaban de ti podrías retomar y en qué grado.

A lo mejor ya no estás en la edad en la que puedes convertirte en alguien que haga salto de garrocha en las olimpiadas, pero sí puedes convertirte en alguien que escribe un blog acerca de deportes olímpicos. De eso se trata la aceptación propia, de entender nuestras fortalezas y debilidades y, luego de esa evaluación propia, encontrar oportunidades.

Hay tantas maneras en las que podemos conectarnos con nuestra esencia de niño, sobre todo en este mundo moderno donde hay Internet, *podcasts*, y tantas cosas de tecnología que te podrían ayudar a retomar un rinconcito de tus sueños.

Es importante entonces establecer cuáles de las cosas que te gustaban de niño podrías retomar e integrarlas a tu vida. ¡Estoy seguro de que algo se te puede ocurrir!

Piensa muy muy bien cómo puedes conectarte de nuevo de una manera práctica. Y entonces comienza a tomar acción, escribe lo que tendrías que hacer, ponte metas específicas a corto plazo.

Esta conexión con lo que te apasiona podría ayudarte a ti si a lo mejor eres una persona joven en edad universitaria que aún no elige una carrera. Pero también podría ayudarte a ti que a lo mejor tienes más de 40 años, tienes hijos y un trabajo a tiempo completo en el que no te sientes satisfecho.

Te invito a que incorpores a tu vida por lo menos en un 10% de tu tiempo algo de lo que te gustaba cuando niño; a través de un *hobby*, de un trabajo, de un voluntariado, de un trabajo *freelance*, de poner tus manualidades en Etsy... ¡Qué sé yo! pero asegúrate de hacerlo y ponte la meta a corto plazo: no más de 90 días...

Dedicar inicialmente un pequeño porcentaje de tu tiempo productivo a una actividad que te gusta, es la mejor forma de reducir el impacto negativo que tiene un trabajo que no te gusta. Te ayudará a pensar menos en ese jefe fastidioso que te hace la vida imposible o en esos compañeros de trabajo a los que no se les puede sacar ni una sonrisa. La ilusión de llegar a la casa o de levantarte temprano para trabajar en ese proyecto personal que tanto te gusta y que te reconecta con lo que siempre has disfrutado, no solo es un alivio al dolor de tener que hacer algo que no nos gusta, pero también es el comienzo del proceso que pronto podría sacarte de allí completamente.

Y quisiera decirte una cosita más. No va a ser fácil. Casi nada llega fácil en la vida, con excepción de las cuentas por pagar :)

Todo va a tener resistencia; las cosas hay que intentarlas 20 veces antes de que te digan que SÍ.

Casi siempre viene rechazo, aparece un NO antes del SÍ. Pero una de las maneras de encontrar la resiliencia es la perseverancia... El rechazo es duro, pero lo más difícil no es aceptar el rechazo, sino volver a intentar las cosas de nuevo. Es allí donde se diferencian claramente los exitosos de los que no: en intentarlo una y otra vez y estar cada vez más cómodos con el rechazo.

Y recuerda que nadie puede detener la fuerza que tiene el estar en contacto con las cosas que siempre nos gustaron desde niño.

Si estás profundamente conectado con quien tú eras de pequeño, NO HAY NADIE QUE PUEDA EN CONTRA DE ESO.

Capítulo 6

Ensayo y error

> *En la vida hay momentos en que te llega el*
> *punto de inflexión, momentos en que debes*
> *decidirte por un camino u otro.*

APRENDE DEL TRABAJO

Mis padres siempre trataron de exponernos a todas las experiencias posibles. Nosotros hicimos infinidad de labores, al principio, sencillas; en algunos casos, mis hermanos y yo, otras yo solo, hicimos un montón de trabajos diferentes.

Estoy agradecido de que mis padres nos hicieron "trabajar" desde pequeños o más bien nos dieron la oportunidad de conocer la satisfacción que se siente realizar una actividad y estar contento con el resultado.

A veces uno piensa que se nace sabiendo trabajar y no es verdad. El trabajar es una actividad que se aprende desde pequeños y hay que ir desarrollándola y apreciándola conforme pasa la vida.

¿A qué voy con esto? A que hay que aprender a trabajar para que sea parte de tu sistema, de tu ejercicio diario. El trabajo, más allá de que trae dinero, honra al ser humano y le da la capacidad de, cuando es adulto, realizar cualquier labor con gusto, sin que sienta que es una carga.

La palabra "trabajo" viene del latín *trapaliare*, que es una expresión popular que significa "torturar". También significa "traba, dificultad, impedimento".

¡Imagínate la carga tan pesada que trae la palabra "trabajo"! Sin embargo, en un significado más moderno, "trabajo es el factor de producción, de intercambio de bienes y servicios para la satisfacción humana".

Ahora bien, ¿qué pasaría si consideraras al trabajo como una satisfacción, gustosa, divertida? ¿Qué sucede cuando llegas a un punto en donde tienes que tomar la decisión en qué trabajar y, además, ser feliz con ello?

Yo practicando desde niño aquello de ponerme los audífonos.

Y VUELVO A CUANDO FUI NIÑO

¡Qué divertido era para mí trabajar! Por ejemplo, mi hermano y yo, además de todo lo que nos inventábamos por nuestra cuenta, fuimos *ushers* en funciones de teatro, que es nada menos que los chicos que reciben a los asistentes al espectáculo, les piden sus boletos y los llevan hasta su asiento. Eso lo hicimos un par de veces en eventos benéficos. ¡Era increíble!

Fuimos también empacadores de bolsas en una juguetería muy grande. Un diciembre, cerca de las navidades, nos presentamos a trabajar ahí algunos días durante la temporada más alta donde necesitaban ayuda y nos la pasábamos, básicamente, empacando bolsas con juguetes.

Un poco más adelante, hacia el final del *High School* o de la secundaria, mi papá me propuso trabajar en el anuario de la organización con la que estaba involucrado. Él era el presidente de VENACOR, organización que representaba a las empresas de la industria de la refrigeración y el aire acondicionado en Venezuela. Entonces, había que ayudar a armar el libro que tenía la publicidad y el directorio de empresas que conformaban la organización. Este se les enviaba a todos los miembros y fue un trabajo entretenido e interesante.

Más adelante, durante la universidad, mientras ya estaba estudiando Comunicaciones y ya traía yo la idea de la radio, mi papá me brindó la oportunidad de trabajar en la administración de su compañía. Era a medio tiempo, un trabajo, digamos, temporal, mientras conseguía una persona. Me preguntó si me interesaba tener esa experiencia y le dije que sí, y ahí estuve entonces trabajando en la parte administrativa haciéndome cargo de cuentas por pagar.

En la universidad, una vez que tuve un poco más de "claridad" de las cosas que quería ser, experimenté con todo tipo de trabajos en la industria de los medios: fui asistente de producción en un canal de televisión; primero, obviamente, sin que me pagaran. Eso fue en el canal de televisión de José Luis Rodríguez, El Puma, cantante famosísimo cuyo canal primero se llamaba Bravo Canal 57 y después pasó a llamarse Puma TV. Ahí empecé como *intern*, hasta convertirme en asistente de producción, gracias a la confianza del que fue mi jefe en ese entonces, Arturo Agrela.

Después aparecieron otras oportunidades como productor de televisión en diferentes lugares, pero también vendí publicidad de radio, vendí publicidad de un periódico donde escribí una columna y me tocaba atender a los anunciantes.

Fui locutor de radio, fui la voz de las promociones de un canal de televisión anunciando la programación de las películas, los *shows*, las series...

La verdad es que tuve la fortuna de *probar* con tantas actividades tan diferentes entre sí hasta que, poco a poco, fui encontrando el camino, hasta que tuve que tomar decisiones importantes.

Ahora bien, durante esos momentos de decisiones, muchas personas me decían:

¡¿Pero qué, estás loco?!

Claro, es que en la vida hay momentos en que te llega el punto de inflexión, momentos en que debes decidirte por un camino u otro.

En mi caso me sucedió que, durante la universidad, yo ya era asistente de producción en el canal de televisión del Puma, ¡pero insistía en que para mí el mundo era la radio!

Así que tuve que tomar la difícil decisión (ninguna decisión laboral es fácil) de renunciar a ser asistente de producción del canal y me acuerdo de personas que en ese momento me dijeron:

—Piénsalo bien, Alberto. No es una buena idea dejar una posición importantísima en el canal de televisión. Todo el mundo aquí te quiere, todo el mundo aquí te valora. Este es el lugar donde tienes que estar. La radio es inestable... ¡estar al aire es inestable! No sabes qué puede pasar...

—Pero yo quiero estar en la radio.

—Pues estás loco.

Hoy en día me siento orgulloso porque son decisiones que, aunque fueron difíciles en ese momento, me acercaron más a las cosas que me gustaban en medio de un proceso de experimentar, en medio del proceso de probar diferentes cosas.

Esto es muy importante para ti y para mí.

ENSAYO Y ERROR

El haber estado probando diferentes actividades constantemente hizo que en los momentos en los que tuve que tomar decisiones un poco más difíciles, hoy, mirando hacia atrás, fueron las correctas.

Evidentemente, en esos momentos es terriblemente difícil verlo con claridad y más cuando la gente a tu alrededor te dice: "¡Estás loco!".

Y es que, ¿sabes? Cuando estás ante una disyuntiva importante mucha gente te critica.

Hay una tendencia muy grande de las personas a recomendar lo predecible.

Te aconsejan ir a buscar "lo seguro", la supuesta estabilidad... Y, sin embargo, la realidad es que, mientras más riesgos tomamos, dependiendo de cada situación, de nuestra edad, de nuestra vida, aumenta la probabilidad de que nos vaya bien.

Yo creo que hay que tener mucho cuidado con la gente y que no hay que prestarle mucha atención... ¡No "pararle bola"!, como decimos en Venezuela, a la gente que te dice que sigas UN SOLO camino.

De la misma manera hay que tener cuidado con todos aquellos que te dicen que en la vida hay que encontrar un solo propósito.

Aparte de esto, hay que tener ¡mucho más cuidado con la gente que trata de insinuarte y te muestra los libros y conferencias, que te aseguran que el propósito que encuentres en la vida va a estar contigo para siempre!

¡Nada que ver!

Nada que ver...

Es bueno encontrar cosas que nos gusten, es bueno hallar un propósito, es bueno descubrir actividades que nos llenen y que sintamos que ayudan a otras personas con nuestros servicios y con lo que hacemos. Pero podemos tener más de un SOLO propósito y, además, ¡hay que entender que ese propósito puede cambiar!

He vivido muchos cambios en mi vida por haber tenido que tomar varias decisiones y, por eso, me atrevo a hacerte un par de recomendaciones:

Si no sabes por dónde empezar, haz algo, prueba con algo.

Si trabajas y no tienes mucho tiempo y estás tratando de encontrar más satisfacción pero no la encuentras en tu trabajo o en la actividad que haces hoy en día, dile que "sí" a otra oportunidad aunque sea pequeña. Dile que sí a aquellas oportunidades en donde hayas encontrado una pasión. Dile que sí a algo que te hayan ofrecido. Si no sabes qué hacer, pregúntale a alguien si necesita ayuda en algo.

Las probabilidades de encontrar tu camino, tu propósito, lo que quieres y la felicidad en tu carrera son mucho mayores cuando estás fuera de la casa interactuando con gente aprendiendo, conversando.

Meterte en casa, quejándote de que el trabajo que pasaste haciendo hoy todo el día no te gusta, de que tu jefe te trata mal, de que tus compañeros de trabajo son una porquería, de que no sabes por qué estás haciendo esto, que eres mal pagado, etcétera, etcétera, etcétera... no te va a llevar a nada diferente.

Es muy poco probable que tu propósito de vida aparezca mientras estás acostado en el sofá comiendo una bolsa de papitas y viendo tu serie favorita mientras tratas de olvidar lo mal que te tratan en el trabajo.

Las probabilidades de que consigas algo que te gusta, que disfrutes, van a llegar... Pero van a llegar si te agarran "moviéndote", si te agarran haciendo algo.

Haz un esfuerzo para encontrarlo y comienza a tomar acción aun cuando la acción no sea clara, aun cuando no sepas si eso funciona o no.

DILE QUE SI

Hay que decirle que sí a las cosas para probar si ahí puede estar tu camino

Lo segundo es que no hay que decidirse por una sola cosa.

Y te explico. Hoy en día, el Alberto de hoy, tiene bastante claridad de saber lo que hace y estar satisfecho con lo que hace. SIN EMBARGO, continúo abierto a un montón de cosas.

¿Por qué lo hago si "ya encontré mi camino"?

Porque debemos estar abiertos y estar dispuestos a lograr cosas diferentes.

Todos tenemos roles que hacemos bien pero a la misma vez podemos tener un negocio que nos guste,

o

tener una carrera que disfrutamos muchísimo y tener un negocio que no disfrutemos tanto pero que nos dé plata,

o

tener una actividad que hacemos hoy en día y que esté bien, pero, de repente, volteemos y descubramos otra cosa en donde podamos involucrarnos.

NO TIENES QUE DECIDIRTE POR UNA SOLA COSA

Una persona a quien sigo y admiro es un empresario enorme que se llama Gary Vaynerchuk. Él es un emprendedor nacido en Bielorrusia convertido en estadounidense, designado cuatro veces como el autor más vendido por su libro *Crush it*, además de ser orador, conferencista y asesor de importantísimas empresas a nivel global.

Él siempre dice que podemos tener muchas facetas que nos llenen la vida. Y, fíjate, aun cuando es un gran empresario, millonario y exitosísimo, al mismo tiempo se dedica a inspirar a las personas en todas las redes sociales y, al mismo tiempo, colecciona tarjetas de jugadores de béisbol y, al mismo tiempo, le gusta irse a las ventas de garajes de las casas para encontrar cosas que parece que no tienen valor y venderlas en Internet. ¡Y es multimillonario!

Haciendo esto, él demuestra cómo se puede ganar dinero en diferentes actividades. Entonces, no hay que tener una sola pasión: no hay que decidirse por una sola cosa.

A mí me llena el trabajo en los medios, pero también me encanta crear negocios, y también me llena ser esposo y papá y ¡esta es una de las cosas que más disfruto!

Tu propósito y la diferencia que puedes ir haciendo en tu paso por la vida se pueden ir descubriendo en el camino.

Otra cosa importantísima es que no todo el mundo es igual y no todas las historias son iguales.

Dirás:

–Alberto, es que tú conseguiste **claridad** muy temprano en la vida y yo no tengo esa **claridad** y ya tengo muchos años más que tú.

Yo te diré que ese detalle, ¡no quiere decir que sea tarde para ti!

En mi caso, si yo encontré, a través de todas estas experiencias laborales, claridad de lo que quería lograr desde muy temprano, ¡en otras áreas de mi vida, he tenido que trabajar arduamente! ¡En muchas cosas diferentes! ¡Y con mucho esfuerzo! Entonces, las comparaciones son terribles y solamente nos frenan. No creas que los que alcanzaron sus metas la tuvieron fácil y le "atinaron a la primera".

Por ello, si tú quieres encontrar algo que disfrutes, algo que te guste, algo que haga la diferencia en la vida de la gente...

ENSAYO Y ERROR. ENSAYO Y ERROR

Constantemente prueba algo y cambia. Ensayo y error.

Así que no te pongas a compararte con otras personas y, si lo haces, asegúrate que las comparaciones sean de inspiración, no para hacerte sentir peor de lo que ya te sientes.

Cuando voltees a ver a otras personas, que no sea para compararte, sino para inspirarte.

Para ayudarte a descubrir más de tu historia
de vida y descargar nuestra guía gratis para
sobrellevar el rechazo y lograr tus sueños, visita
www.ElSiDetrasDeUnNo.com

Clave II

ELIGE BIEN A TUS COMPAÑEROS DE VIAJE

Capítulo 7

Encuentra personas que te inspiren a luchar

¡Ella siempre estuvo celebrando la vida sin rendirse!

Mi mamá y yo.

¿QUIÉN TE INSPIRA?

Cuando pienso en una persona que me ha inspirado para luchar, que me enseñó a no rendirme, que me entregó las herramientas para entender que con el rechazo se inventa una oportunidad de tocar una nueva y mejor puerta, esa persona es mi madre.

Mi mamá, durante toda su vida, fue una gran sobreviviente que nunca perdió las ganas de vivir, las ganas de luchar, las ganas de ser una gran madre, una gran esposa, de ser una gran profesional. Constantemente, pienso en las lecciones de vida que nos dio a mis hermanos y a mí.

Cuando mi mamá nació, sus hermanos eran mucho mayores que ella: mi tío Saulo tenía 17 años, mi tío Jaime 14, y mi tía Sonia tenía 11. Resulta que, de un momento a otro, pues mi abuelita Ida se dio cuenta de que estaba embarazada. Para ella y para mi abuelo Jack fue una sorpresa y a la vez una gran bendición. Pero, debido a una operación de úlceras que se había hecho mi abuela Ida, varios médicos en Colombia tenían un poco de miedo de recibir a ese bebé que venía en camino.

Se trataba de los años 50 y calculamos que tendría alrededor de 40 años cuando estaba esperando a mi mamá. En una época como esa era considerada como una persona bastante mayor para tener hijos. Así que, dadas estas circunstancias, mi abuela decidió irse de Bogotá, Colombia, a Chicago, Illinois, Estados Unidos, para que el doctor Alex Tulsky la monitoreara y recibiera a mi mamá.

Alex Tulsky estaba casado con Clara Glottmann, hermana de mi abuelo Jack, y Alex era reconocido como uno de los mejores obstetras en los Estados Unidos.

Así que mi abuelita Ida junto a mi tía Sonia y mi abuelo Jack se fueron a Chicago bastante temprano en el embarazo porque después de cierto punto ya no le sería permitido volar.

Durante esos cuatro meses en Chicago, en casa del tío abuelo Alex y la tía Clarita, se quedaron mi tía Sonia y mi abuela esperando el nacimiento de mi mamá.

Me cuenta mi tía Sonia, que el nacimiento de la bebé salió perfectamente. Nació una hermosa niña a quien le pusieron de nombre Gloria.

Pero resulta ser que al día siguiente de que nació, una enfermera, por accidente, dejó a mi mamá caer al suelo. ¡Sí, así como lo escuchas!

En esos momentos no estaban claras las consecuencias que ese golpe podría tener, de tal suerte que los médicos acudieron a ver a mi abuela con la sugerencia de que, si las cosas se ponían peor para la bebé recién nacida, lo mejor era que la dejara morir porque no podían garantizar cuál sería el nivel de calidad de vida que esa bebé iba a tener.

Mi abuela reaccionó inmediatamente con un profundo rechazo a lo que estaban diciendo los doctores.

—¡Abran las ventanas de esta habitación para que se vayan las palabras que ustedes están diciendo! ¡Esta niña va a estar bien! —les gritó mi abuelita a los médicos.

Pues, efectivamente, Gloria, mi madre, creció muy bien y se convirtió en una niña muy feliz. No solo fue una criatura feliz, sino, en general, una joven y mujer feliz y exitosa. Se graduó de la universidad en Miami como psicóloga, donde conoció a mi papá. Luego, poco tiempo después de que yo nací retomó su carrera como psicóloga. Trabajaba en grupos en donde se ofrecían diferentes terapias, prácticas individuales de terapia y, constantemente, se entrenaba viajando a diferentes retiros dedicados a la terapia bioenergética.

UNA GRAN MADRE Y UN GRAN ESPOSA

Lo más sobresaliente de mi mamá, además de ser una profesional exitosa, fue el ser una gran madre y una gran esposa, siempre pendiente de mi papá, balanceando una carrera profesional con permanecer pendiente de nuestras necesidades, de nuestros problemas, de nuestro comportamiento en el colegio.

Sin embargo, desgraciadamente, de aquella caída en el hospital mi madre desarrolló una enfermedad llamada epilepsia de pequeño mal o *petit mal epilepsy*, que viene generalmente por un accidente en la infancia y se trata de periodos muy cortos de ausencia en donde la persona se queda "en blanco" y, en algunos casos se altera la conciencia. No obstante, este tipo de epilepsia es leve, no hace que las personas convulsionen fuertemente o caigan al piso.

Con el paso del tiempo, mi mamá fue desarrollando este mal y permaneció con él toda su vida. Más o menos cada par de meses presentaba un episodio donde se quedaba muy pálida, perdía la noción de donde estaba y solamente decía cosas y repetía una frase típica de ella en esos momentos: "Haz de cuenta que nada me pasó".

Tanto mi padre como nosotros ya sabíamos perfectamente qué era y cómo sucedía esto, así que entre mi padre y nosotros solo le dábamos un abrazo, la conteníamos para que no caminara de un lado a otro y, a los pocos minutos, volvía en sí.

Mi mamá estuvo medicada toda su vida debido a esto.

Todas estas anécdotas de vida me hacen recordar que mi mamá, desde el momento en que nació, tuvo que lidiar con el concepto de sobrevivir.

Recuerdo también un momento terrible cuando ya vivíamos en Caracas y yo tenía aproximadamente unos 11 o 12 años. Mi mamá había llamado a su médico ginecólogo por alguna pequeña preocupación de salud que tenía y el médico le recetó una pastilla y mi mamá inmediatamente le preguntó sí esa pastilla tenía aspirina porque ella tenía una reacción terrible a la aspirina que le trancaba la respiración y que la ponía muy mal. El médico le dijo que no se preocupara, que esa pastilla no tenía aspirina. Cuando mi mamá se la tomó por primera vez empezó a experimentar la reacción alérgica.

—Esto tiene aspirina —expresó con gran seguridad y preocupación mi madre, mientras me dijo a mí, que estaba con ella, al mismo tiempo que se comenzaba a poner roja—, llévenme directo al hospital.

En la casa se encontraba Armando Lugo, una persona muy querida que trabajaba para mi familia y para la compañía de mi papá. Era alguien de absoluta confianza.

Así que mi mamá, Lugo y yo, nos montamos directamente en un carro manejando desde nuestra casa hasta la Policlínica Metropolitana en Caracas, que era donde atendía el médico de mi mamá.

Ese camino hasta la policlínica me pareció el camino más largo del mundo. Yo solamente le daba la mano a mi mamá mientras su respiración se tornaba cada vez más difícil, se ponía cada vez más roja, cada vez más hinchada, respiraba profundo y yo no sabía qué más hacer mientras Lugo iba manejando lo más rápido posible en camino a la clínica.

Fue el momento más desesperante que he vivido, pues lo único que quedaba por hacer era esperar la llegada al lugar donde podría recibir atención médica.

Cuando llegamos a la clínica, mi mamá estaba entrando a un terrible estado de *shock* alérgico con una hinchazón donde prácticamente se le había cerrado la glotis, y estuvo a punto de perder su capacidad respiratoria.

Ya en el departamento de emergencias, hicieron lo que tenían que hacer y mi madre volvió a respirar; nosotros, en el sentido recto y sentido figurado, volvimos a respirar nuevamente.

Una vez que pasó este susto tan grande, y ya cuando yo estaba más grande, mamá me dijo:

—En ese episodio, en ese carro, con esa reacción alérgica, yo no me morí porque yo no podía permitir morirme enfrente de ti.

Yo, todavía un niño, estaba con ella y, por eso, una vez más, apareció la gran sobreviviente luchando por su vida, enfrente de su hijo.

Estando en la universidad, cuando yo tenía unos 18 años, nos llama mi papá a mi hermano Óscar y a mí (Daniel estaba muy pequeño), para hablar con nosotros.

—Van a tener que operar a mami —nos dice.

EL CÁNCER

Mi padre nos explica que mi mamá tenía un tumor en el seno que se lo tenían que remover. En ese momento nos dieron muy poca información y, en realidad, no se sabía mucho de lo que estaba pasando. El pronóstico era terrible porque se trataba de un cáncer de seno en etapa avanzada.

Para mí, el cáncer era una palabra muy lejana, era eso que les pasaba a otras personas. En mi cabeza no cabía que el cáncer hubiese llegado a mi familia y mucho menos a mi mamá que era la persona más importante de mi vida.

Tanto mi papá como mi mamá nos hablaron de lo que estaba pasando y el tipo de cáncer a que ella se enfrentaba. Lo que nunca me dijo mi papá es que en ese momento, le habían comentado que las probabilidades de supervivencia de mi mamá eran de menos de un año. Eso por muchos años no lo supimos.

Ahí empezó una nueva batalla de supervivencia. Tuvimos la suerte muy grande de que el cáncer de mi mamá era un cáncer que se alimentaba del estrógeno y al cortar estrógeno con un tratamiento en pastillas hubo la posibilidad de que ella pudiera seguir adelante.

Al poco tiempo de esta operación viajamos a Nueva York coordinados por mi tío Saulo, quien habló con los mejores doctores de esa ciudad y con quienes tenían relación previa. Mi tío Saulo, junto a su esposa Dalia, ya habían pasado por otros diagnósticos en la familia, así que hicieron todos los arreglos para llevar a mi mamá a uno de los centros médicos más importantes en la cura del cáncer en esa ciudad.

Cuando llegamos allá nos estaban esperando y tuvimos la fortuna de que los médicos en Nueva York estuvieron 100% de acuerdo con el diagnóstico y la propuesta de tratamiento de los médicos en Venezuela.

Así empezó una jornada de lucha impresionante donde mi mamá no solamente vivió más de un año sino que estuvo con nosotros casi 10 años. A pesar de los pronósticos, la mayoría de esos años los vivió con una excelente calidad de vida por medio de tratamientos y de diferentes opciones que tuvo para atender su cáncer.

Siguió siendo la mamá ejemplar que siempre fue, la esposa maravillosa que siempre fue, siguió trabajando cuando se mudó a Miami...

Lamentablemente, los últimos dos años fueron muy duros. Y, finalmente, en lo que fue el golpe más duro de mi vida, mi mamá murió.

Evidentemente, admiro la historia de mi mamá porque es el ejemplo de una gran sobreviviente.

Primero, cuando estaba recién nacida donde no le daban aliento a mi abuela de que mi mamá pudiera seguir viviendo; luego, al haber pasado por un momento donde casi se muere, y luego de que los médicos estimaran que iba a vivir menos de un año y estuviera con nosotros casi 10 años.

La forma en que continuó luchando, rechazando la posibilidad de muerte, combinado con su optimismo, sus mensajes de vida, su practicidad, su continuo apoyo, su motivación a que saliéramos adelante, a que aprendiéramos cosas nuevas, a que disfrutáramos cada instante, a que celebráramos cada momento, hizo que yo aprendiera a sonreírle a la vida.

Sonríele a la vida.

Disfruta cada instante.

CELEBRA CADA MOMENTO...

Recientemente, mi tía Sonia me reafirmó el recordatorio que debo tener a diario de aquellas ganas de vivir que me mostró mi madre: "Tu mamá era una gran convencida de que todos los momentos había que celebrarlos. En medio de su enfermedad, en los peores momentos, ella se aseguraba de que se picara una torta, se cortara el pastel para el que cumplía años... es decir, siempre estuvo celebrando la vida".

¡SIEMPRE ESTUVO CELEBRANDO LA VIDA!

Esta conversación con mi tía Sonia me llevó a recordar la entrevista que le hice en la radio al talentoso Dante Gebel, escritor, presentador de programas y pastor. Dante es de origen argentino, donde fue pastor de jóvenes y comunicador. Actualmente es el pastor principal de River Church en California. Él se denomina a sí mismo como un "comunicador de buenas noticias e inspirador".

Mientras platicábamos en aquella entrevista acerca de la vida y de la muerte, recuerdo que Dante me explicó que vivir no es lo mismo que honrar la vida:

"No todos los que han muerto realmente han vivido. No todos los que tienen un certificado de defunción coinciden con la fecha en que murieron. Hay muchas fechas en las lápidas pero que murieron mucho antes. A los 30, cuando se les acabaron sus sueños; a los 42, cuando notaron que les fueron infieles; hay gente que muere mucho antes de que su corazón deje de latir".

¡Tiene tanta razón! Y mi mamá fue TOTALMENTE TODO LO OPUESTO A ESTO. Ella vivió cada uno de sus días y se mantiene viva muchos años después de la fecha que se lee en su lápida. La memoria de mi madre es la memoria de un corazón que no ha dejado de latir.

Y a ti, que estás aquí, como primera lección quiero invitarte a que busques en tu vida a alguien que ame la vida, que te inspire por la forma en que la ve, que no solo viva la vida sino que la honre en todo momento.

INSPÍRATE EN ALGUNA PERSONA CERCANA

Piensa en una que hayas conocido que ame la vida o que te han contado cómo era o que haya crecido contigo, que haya estado cerca.

Puede no ser un familiar, puede ser un amigo, pero que verdaderamente muestre siempre sus ganas de vivir.

Y cuando tengas un mal día, pregúntale a esa persona cómo lo manejaría o pregúntate cómo esa persona lo manejaría o lo hubiese manejado basándote en lo que conoces de él o de ella.

Pide la opinión de esa persona si la tienes cerca o ten una conversación en tu mente conociéndola como la conoces.

¡PIENSA EN QUÉ TE DIRÍA!

Yo muy seguido me pregunto qué me aconsejaría mi mamá o cómo hubiese reaccionado mi mamá frente a una situación parecida. Y definitivamente eso me inspira a intentar las cosas de nuevo, a que el rechazo me importe menos, a serle fiel a mis sueños, a seguir intentando.

¿Qué pasa si tú en este momento no tienes a alguien que te inspire en tu círculo cercano o no tienes un ejemplo a seguir en tu familia? No pasa nada. De hecho, las redes sociales nos han puesto increíblemente cerca de gente brillante y que está ayudando a otros a ser mejores con sus lecciones de vida o con su ejemplo.

Asegúrate de estar siguiendo a personas que sean un ejemplo para ti. Fíjate, desde qué punto de vista, se manejan con su familia, en su trabajo, lo que han logrado en su carrera, cómo manejan sus finanzas, su salud, su espiritualidad. ¡Cuánto aman la vida!

Yo te garantizo que esa persona que está dispuesta a ayudar con sus mensajes son personas que también tienen disposición de ayudar cuando le mandes una pregunta.

¡Atrévete a mandarles un mensaje directo a personas que te inspiren!

Podría sorprenderte la cantidad de personas que están dispuestas a tener una conversación contigo para ayudarte en medio de tus preocupaciones, en medio de tus frustraciones...

Te lo digo por experiencia, porque muchos de los que tenemos un gran número de seguidores hacemos un esfuerzo por responder todos y cada uno de los mensajes y preguntas que nos mandan. Y te invito a que pruebes enviar un mensaje en Instagram a **@alberto-sardinas** ¡Lo más seguro es que yo te voy a responder!

Finalmente, yo te invito a que uses tu propia historia para convertirte en alguien que cambie el camino de las nuevas generaciones de la familia. Asegúrate que lo que haces cada día pueda ser de inspiración para otros así como ha habido otros antes que tú que han sido inspiración para ti.

Piensa...

Imagínate el legado que quieres dejar de cómo vivir la vida. Yo lo pienso mucho con respecto a Sofía, mi hija, cómo quiero que ella, no solamente viva su vida, sino cómo quiero que ella piense acerca de mí que la inspire para que sea una mejor persona.

Hereda tú el legado de ser una mejor persona al hacer lo correcto en la vida... ¡Muestra cómo vives la vida intensamente!

Esa es la mejor manera de no rendirte frente al rechazo y de seguir intentando hasta lograr lo que siempre has querido de una manera transparente y honesta, sin hacerle daño a los demás.

Inspira con algo que te haga sentir orgulloso a ti, orgullosa de ti y que haga sentir orgulloso a las generaciones que vienen después de ti.

Si hay una persona que a mí me inspira a seguir adelante, que me enseñó todo lo que sé, que me motiva a seguir luchando por lo que quiero y a tener los pies sobre la tierra en este camino...

¡Definitivamente fue mi mamá!

Una admirable sobreviviente que amó siempre la vida. Y que es, para mí, mi más grande inspiración.

Capítulo 8

Cuéntales a todos lo que quieres hacer

"le puede caer la mala pava".

EMPAVAR

Existe un término en mi querida Venezuela: "empavar". La palabra se utiliza cuando uno tiene una idea, un plan o un sueño y la gente te aconseja que no se lo cuentes a nadie porque se puede "empavar" o "le puede caer la mala pava". Esta costumbre se repite en muchas partes de Latinoamérica y, creo yo, que está relacionado con el carácter que tenemos los latinos. En México se dice "salar". En términos generales, empavar podría ser que te echen malas vibras, o te traiga mala suerte, es decir, que algo "se te sale", o como dicen en Inglés, *"it can get jinxed"*.

Es por esto que la gente que te aprecia te repite desde niño que, si por ahí traes una gran idea o un sueño, **"no se lo cuentes a nadie porque se empava"**.

Puedo ver claramente la escena de alguien de mi familia, haciéndome saber las razones por las cuales no debía compartir mi sueño porque se "empavaba":

—Mira, niño, te voy a explicar por qué no debes contar esas cosas. Número uno, porque así, rapidito, alguien te va a robar la idea. Y, segundo y más importante, si lo cuentas, le va a caer la mala suerte.

El Alberto niño, entonces, creció con la idea de no poder contar nada pues, di por hecho que para que las cosas salieran bien uno no debía contarlas.

¡Nada más alejado de la realidad!

Como todo en esta vida, tuvieron que pasar muchos años para comprobar que eso funciona totalmente al contrario. En el trayecto, mientras nos estamos formando, construyendo, moldeando, se deben romper muchos paradigmas. Muchas cosas que te enseñaron de pequeño que aprendiste y asumiste como verdad, puede que en la práctica no sean ciertas. Entonces, con aplomo, considera renunciar a esas creencias, lo cual no significa una traición o un desapego, pero quizás sea lo único que necesitas para romper ese ciclo y salir a triunfar.

Comienza por contar tus proyectos. A quien creas que sirva y a los que no también. Comparte, habla, déjalo salir, fluir, respirar, volar.

¿Cuántas personas conocemos que tenían un gran proyecto, una idea fantástica, pero que, dado a que se la guardaron para sí mismos, la idea murió con el tiempo?

¿Cuántas anécdotas hemos escuchado de genios que tenían una buena propuesta y que, quizás, por ser un poco envidiosos no la compartieron y se quedó en el olvido?

¿Cuántas ideas no contaste por miedo a que se "empavaran"?

Lo que he aprendido:

Nada en esta vida se puede lograr haciéndolo completamente solo. Cuando contamos con gente que nos apoya, que nos asesora, que nos alienta, que nos abraza, sobre todo en los momentos difíciles, estamos aumentando radicalmente las posibilidades de éxito de cualquier cosa que queramos lograr. Y ojo, porque también hay personas a las que claramente elegimos no contarles nuestros proyectos, cuando ya sabemos por experiencia que no se alegrarán por nosotros o que, por ejemplo, pensarán primero en sí mismos y en el riesgo que tendrían de perderte si consigues una nueva meta en tu vida.

Pero en la mayoría de los casos...

"Asegúrate, siempre, de que tu meta no sea solo tuya".

¡No hay tal cosa como la mala suerte de las ideas o "echar las malas vibras" a los proyectos! Hay que contarlos, atrevernos a compartirlos, decirlos, gritarlos. ¡Aunque te crean loco!

Porque, ¿qué tal si con eso tu proyecto cobra vida?

Entonces, comienza compartiendo tus sueños, pues, con tu propia familia, porque ahí puedes encontrar el apoyo que necesitas.

TODO EMPIEZA POR LA FAMILIA

Y esto me lleva inmediatamente al centro, al núcleo en donde empieza todo. Esas ideas locas que viven en ti se deben apoyar en tu familia.

Te cuento:

Durante los últimos años de *High School*, o Bachillerato como se dice en Venezuela, mi decisión estaba tomada: quería ser locutor de radio. Traía tan clavada la idea que me atreví a participar en unas audiciones abiertas en una radio muy popular de mi ciudad. En esta conocida estación estaban buscando voces que provinieran directamente del público que los escuchaba. Y, ¿qué creen? ¡Correcto! ¡Estaba tan ilusionado por trabajar en la radio que audicioné! Hoy me emociono al recordar que más tarde terminé trabajando en esa emisora en donde alguna vez, siendo muy chico, audicioné.

Parecía que ya tenía un caminito trazado, que las cosas, con un poquito de suerte, se acomodarían para convertirme en locutor profesional.

Durante los últimos años de High School, o Bachillerato como se dice en Venezuela, mi decisión estaba tomada: quería ser locutor de radio.

Como te decía, yo era un joven soñador que justo había empezado mis estudios universitarios. Como en esas escenas en donde el muchachito se para al espejo y pretende estar frente a un auditorio o un escenario o recibiendo un reconocimiento en una premiación, así, yo me imaginaba frente a un micrófono, hablando, respondiendo preguntas del público, profundizando en temas sociales, de interés para la comunidad, en fin, hablando y escuchando y hablando. También ensayaba un poco mi voz, la entonaba, la modulaba.

Atrapado por esa idea que ya no iba a soltar, me dediqué a la tarea de convencer a unos compañeros de mi universidad que alquiláramos un estudio a un precio muy económico dentro de una emisora AM de Caracas, para simplemente grabarnos y practicar.

Aparentemente, a los de la estación se les hizo muy interesante así que nos brindaron la oportunidad de hacerlo en varias ocasiones. ¡Éramos unos chicos de 17 u 18 años felices de emprender nuestra aventura! Yo, siendo un poco menor aún, era el más entusiasmado y se me notaba en mi eterna sonrisa.

Pues resulta que había un compañero en la universidad que, en ese entonces, tenía poco más de 30 años. ¡A esa edad, nosotros lo veíamos como un señor, maduro y experimentado! Se trata de Eduardo Rodriguez Giolitti, queridísimo amigo hasta el día de hoy. Eduardo inicialmente se había graduado de abogado pero había emprendido una carrera muy exitosa como locutor y presentador de noticias. Se unió a la aventura de los incipientes adolescentes, quienes no cabíamos de la sorpresa ya que, además de ser treintón, tenía esposa y dos hijos.

Pero nunca es tarde y menos para un tipo como Eduardo, así que pensó que era momento para empezar sus estudios de comunicador social. Las personas tienen un sello; una personalidad que los distingue y que marca también a los demás, y ese fue el caso de Eduardo, especialmente conmigo: una persona generosa, amable, atenta, un tipazo en toda la extensión de la palabra.

Algo me iluminó y, para romper esta creencia de la "empavada", le platiqué todos mis planes. Y a medida que se convertía en buen amigo, me fui más allá y comencé a pedirle consejos, los más que pude, con respecto a la carrera. Le expuse claramente y sin rodeos que yo quería trabajar en la radio.

Pasaron pocas semanas cuando me sorprendió comentándome que había hablado con un buen amigo de él que hacía uno de los programas más escuchados en Caracas en la Mega 107.3 FM. Me quedé con la boca abierta cuando me informó que su amigo, Ramón Pasquier, QEPD, estaba dispuesto a hablar conmigo con respecto a la posibilidad de traerme a hablar en la radio sobre algún tema que fuera de interés.

—Y a ver, ¿cómo de qué te gustaría hablar en el programa nocturno? —me preguntó Ramón cuando nos conocimos.

—Pues, he estado pensando y me parece que un tema interesante sería hablar de lo que está pasando en las universidades en Caracas...

—Excelente —me dijo, así, sin más, Ramón—. Me parece muy buena idea.

Ramón lo comentó en ese momento con el Director de Programación de la emisora, Polo Troconis (quien más de 20 años después se convirtió primero en locutor y productor, y luego en el Director de Programación y mi jefe en Amor 107.5 FM en Miami; para que veas las vueltas que da la vida). Polo dio su visto bueno y, así, iba a comenzar a transmitir en vivo los lunes a las 10 de la noche, ni más ni menos que en la Mega 107.3. Yo no podía creer. Mi emoción me quitó el sueño por varias noches.

Y, de pronto, me di cuenta de que esto que estaba muy cercano a ser realidad, probablemente sería imposible para mí.

Resulta ser que como yo era menor de edad no podía conducir en la noche ya que, en Caracas, solamente se permitía a los menores de edad manejar hasta las 8 p.m. Después de este horario, el menor podía ser arrestado y, en caso de un accidente, no eran válidos los seguros con un sinfín de consecuencias.

Cuando me vi en esta encrucijada pensé que, lamentablemente, no me iba a ser posible aceptar la oferta. Me entristecí, pero no me rendí. Tenía que haber otra manera. Yo no podía dejar pasar esa oportunidad, definitivamente habría que buscar como fuera otro camino.

Entonces decidí hablar con mi papá. Muerto de incertidumbre y pidiendo casi lo imposible, me acerqué a pedir ayuda. Un gran favor. Grandísimo. Eso era lo único que necesitaba.

Le pregunté si él podía llevarme a la estación, todos los lunes por la noche, y esperarme. Y así lo hizo.

El poder de la ayuda de la familia en momentos claves. Fue de esta forma que no tuve que rechazar la enorme oportunidad que me estaba brindando la vida.

Mi padre había sido locutor de radio en Caracas y era precisamente uno de los ejemplos cercanos que me habían inspirado a creer en esta profesión. Quizás también fue eso lo que lo empujó a apoyarme. ¡Y vaya que lo hizo!

Durante varios meses me llevó hasta la entrada de la emisora; yo subía mientras él se quedaba en el carro escuchando el segmento en vivo.

Al terminar, yo bajaba, me montaba en el auto en donde me daba su *feedback*, me aconsejaba sobre ciertas cosas que debía mejorar;

me comentaba cómo había quedado el segmento, pero, sobre todo, mostraba su orgullo y me brindaba una felicitación.

Esta rutina se repitió durante varios meses hasta que cumplí 18 años y pude manejar por mí mismo hacia la estación de radio.

Esta es una de muchas ocasiones en donde me di cuenta de la importancia de ser perseverante, de insistir y buscarle por otros lados para que un NO se convierta en un SÍ, y de que hay que apoyarse en la familia. La relevancia de contar, compartir y hacer a otros parte de tus sueños.

Si mi papá no hubiera estado dispuesto a ayudarme ante la petición mía, o si yo no se lo hubiera pedido, tendría que haber rechazado esa gran oportunidad y, a lo mejor, no hubiera empezado mi carrera cuando lo hice, y entonces me habría dejado llevar por donde la vida o el destino me hubiera empujado y hubiera soltado ese primer gran sueño.

Te cuento que, quizás, desde aquella anécdota de mi vida hice mía la premisa y la convertí en un mantra:

QUE TU META NO SEA SOLO TUYA

Y te digo algo más: habrá ocasiones, tú que me lees, que no tengas mucha gente a quien acudir para compartir tu meta o pedir ayuda. En el siguiente capítulo te diré cómo encontrar y ampliar tus relaciones.

Sin embargo, quiero decirte desde ahora que cualquiera que sea tu meta a alcanzar, esta no se materializará fácilmente. Te encontrarás con un montón de retos, ¡de rechazos! En ocasiones sentirás que vas a tirar la toalla, pues se te dificulta terriblemente ser persistente.

¡No te dejes vencer por el rechazo!

Y recuerda, siempre, que la meta no sea solo tuya.

Capítulo 9

Cambia los contactos por relaciones

"Let it simmer", Michael Jackson

DESARROLLA RELACIONES A LARGO PLAZO

Hace unos meses fui invitado a un importante evento municipal en Miami donde el alcalde de esa ciudad iba a realizar lo que conocemos como Memoria, que no es sino hablar del estado de la ciudad frente a los concejales, otros políticos, invitados especiales y su propia comunidad.

No era la primera vez que asistía a este evento, pero en esta ocasión decidí invitar a mi papá a que me acompañara. Sabía que le daría un gusto enorme pues yo conozco que esto le llama mucho la atención y que él, en Venezuela, asistía frecuentemente a este tipo de eventos.

Luego de escuchar los discursos y empezar a saludar a los asistentes, de pronto llega la oportunidad de saludar al Alcalde. Con gran orgullo me acerqué a presentarle a mi padre y, resulta, que cuando se lo presento, el Alcalde me sorprendió con unas palabras que jamás esperé que iba a decir en ese momento:

—Mucho gusto, señor Sardiñas. Quiero decirle que tiene usted un gran hijo. Todo un profesional y mejor aún, una gran persona.

—Me siento honrado y muy orgulloso, Alcalde. Le agradezco mucho sus palabras — respondió orgulloso mi padre con una muestra sincera de cariño y aceptación. Adoré la forma tan profundamente amorosa con que mi padre recibió el cumplido.

Más allá de que me hizo sentir como pavo real frente a mi papá, a quien yo sabía que le debía tanto, después de intercambiar algunas palabras con el Alcalde acerca de diferentes situaciones que habíamos vivido en nuestros años de amistad, simplemente, hablar un poco de nuestra relación a lo largo de tanto tiempo, me di cuenta de que este había sido un momento infinitamente importante para mí.

Más allá de lo emotivo, supe, entendí, descubrí que algo estaba por arriba de esto. Se había revelado, con claridad en mi mente, una verdad poderosísima:

Cambia tus contactos por relaciones.

La importancia de desarrollar y mantener relaciones a largo plazo.

Cambia tus contactos por relaciones.

Me explico.

La rapidez de nuestra vida actual ha hecho que la gente quiera lograr sus metas RÁPIDO. Y, para alcanzar algo *rápido*, piensan que la manera más sencilla es encontrar "un contacto".

El contacto.

"¿Tendrás algún contacto que me ayude a entrar a la televisión?".

"A ver si conoces a algún contacto en la alcaldía para que me ayude".

"Necesito un contacto con esa gente para venderles una propiedad que estoy representando".

"Estoy buscando un contacto en la oficina de abogados".

"Busco trabajo y, por lo tanto, requiero de un contacto".

Decenas de contactos. Se buscan contactos y se obtienen cero resultados.

A mí se me acercan muy a menudo en busca de contactos y, sin ser pretencioso, les respondo que en mi celular tengo una Lista de contactos. Sí, así se llama: Lista de contactos. Poseo 4,400 nombres en mi tarjeta de contactos (porque además nunca borro ninguno).

—Oye, Alberto, ¿no tienes por ahí algún contacto?

—Sí —respondo sin ser grosero—, contactos tengo muchos. Algunos muy importantes: tengo artistas, ejecutivos, políticos, personas que trabajan en la Casa Blanca... Pero ¿qué crees? Esa no es la solución que tú necesitas.

En la vida no debemos buscar contactos, sino relaciones.

¿Por qué no me gusta esa palabra de "contacto"?

Alguien busca un "contacto" (que se refiere al punto de contactar a alguien), generalmente, con un problema específico o cuando se necesita algo.

Y, fíjate:

Las relaciones se construyen cuando NO las necesitamos.

Dicho esto, tanto el contacto como quien es contactado sabe, de antemano, que se trata de una emergencia. Las relaciones, por el contrario, se van construyendo de manera opcional.

Es por eso que es tan importante que tu meta sea conocer a diferentes personas y no solamente estar tratando de voltear a ver a quién encuentras o buscar quién te pueda ayudar en un momento.

Yo te aconsejaría tener siempre un interés legítimo en conocer al mayor número de personas, pero, además, ¡mucho ojo!, debes interesarte genuinamente en su historia, sus gustos, sus aficiones, su familia... en una acción verdadera, que te importe quién es, qué le gusta, cómo es.

Cuando se buscan "contactos" se descubre entrelíneas que existe un interés escondido hacía nuestro propio bienestar. De tal manera que la posibilidad de rechazo puede ser alta y las satisfacciones muy pocas.

Si buscas relaciones y no contactos, estas estarán ahí pues han sido construidas, moldeadas, cuidadas, procuradas y, entonces sí, cuando se necesite algo, tú ya recorriste el camino para haber demostrado que el interés por el bienestar es mutuo y no "necesitas" que te saquen del hoyo.

LET IT SIMMER

Déjalo que se cueza a fuego lento...

Antes de que Michael Jackson, el célebre cantante americano, falleciera, él estaba preparándose para una Gira Mundial y sus ensayos estaban ocurriendo en el Staples Center en Los Angeles, California. Como el famoso artista murió pocas semanas antes de comenzar la gira, el espectáculo nunca se llevó a cabo, sin embargo, los videos de los ensayos de ***THIS IS IT*** fueron compartidos en un gran documental póstumo.

Resulta que mientras Michael Jackson veía a sus músicos tocar, en ciertos momentos utilizaba una frase muy impactante. Se las repetía constantemente:

Let it simmer

Déjalo que se cueza a fuego lento…

Él creía que los músicos tenían que interiorizar cada nota muy despacio para lograr que las cosas fluyeran y luego, entonces, dar todo de sí.

Algo se me quedó muy grabado en mi conciencia. Me fijé muy bien. Las palabras me penetraron y percibí una relación de esta dinámica con las relaciones humanas.

¡Así debe ser! ¡Esto es exactamente como se deben construir las relaciones! A FUEGO LENTO… Soy un convencido de que las relaciones que nosotros vayamos construyendo deben irse cocinando, *LET THEM SIMMER*, que se cuezan a "fuego lento" para que fluyan y duren.

Esto no falla, te lo aseguro, porque esa amistad, o conexión humana, estará naciendo por encima del interés.

A cada persona que conozcas, no importa si se trata de alguien cuyo trabajo es percibido como un trabajo inferior, no importa si se trata de una persona que a lo mejor te está atendiendo en una tienda, no importa si en ese instante piensas que es irrelevante y nunca lo vas a volver a ver…, a cada persona pregúntale su nombre, a qué se dedican, cómo están. Algo que venga del corazón y que te permita conectar con esa persona y será esto lo que te abra el abanico de relaciones.

Hoy en día tengo acceso, sin hacer ningún tipo de alarde, a personas de muy alto nivel que han tenido mucho éxito en la vida y cuya relación con ellos empezó cuando a lo mejor nadie daba un centavo por ellos… ni por mí. De la misma manera es importante nutrir cada interacción que tengamos de la mejor forma posible.

Esa es la razón por la cual tengo 4,400 registros de personas en mi teléfono celular. Pues he guardado a todas y cada una de las personas que voy conociendo. Me aseguro de tener un buen *back up* para que esa lista se conserve. ¡Si ustedes supieran a cuántos dispositivos he tenido que transferir esos archivos! Han viajado de una Palm Pilot, a una BlackBerry; luego pasaron al primer iPhone y al otro, y al otro, y al otro.

Los "contactos" en mi teléfono son personas que he conocido y que mantienen su propio valor. No los he guardado porque "algún día me podrían ser útiles", sino porque también quiero recordarlos y reconocer su número si un día me marcan. Poder serles útil cuando me llamen. Servir.

Uno tiene la obligación de, mínimo, ser amable, entendiendo que todo ser humano vale igual y que esa persona es alguien que pudiera ayudarte en el futuro.

Y deja claro que también estarías disponible cuando te requieran. De eso se tratan las verdaderas relaciones humanas.

Y ¿QUÉ HACEMOS LOS TÍMIDOS?

Yo sé que a lo mejor tú estás diciendo:

—Bueno, Alberto, tú parecieras una persona muy extrovertida, que hablas en la radio, en la televisión y en las redes todos los días. Tienes una gran capacidad de hacer amigos, de hablar con gente. Evidentemente, ¡no tienes el problema que yo tengo de timidez!

Efectivamente, me queda muy claro: no todo el mundo es extrovertido. Lo primero que tengo que decirte es que yo era absolutamente introvertido, tímido, pero no en todo...

En esta vida podemos ser introvertidos para algunas cosas y extrovertidos para otras. Es decir, yo era terriblemente introvertido en mis relaciones sociales. Por ejemplo, en mi adolescencia, tener que hablar con una chica, ¡era sumamente difícil y me ganaba la timidez! No así en el ambiente familiar en donde era un poquito más extrovertido. Igual con las amistades fuera del colegio, o en lugares donde me sentía más cómodo.

Lo primero que deseo compartir contigo es que yo no siempre fui completamente extrovertido.

¡Y esa es la buena noticia!

No hay que ser tímido en todo, ni extrovertido en todo. Hay cosas que requieren de nosotros más esfuerzo que otras, en general, en la vida. Por ejemplo: hay gente que se le da ir al gimnasio como si nada; a mí no, a mí me toca hacer un esfuerzo... pero sé que es bueno para mí, entonces me toca hacer ese esfuerzo. Lo mismo si tú eres una persona tímida, seguramente debes tener otro montón de fortalezas. Pues resulta que estas fortalezas también hay que reforzarlas y mejorar cada día. Además, fíjate algo con este tema: primero, no permitas que la edad te limite porque muchas personas dicen es que ya tengo 20, tengo 30, ya tengo 40, ya tengo 70, ¡no importa! Siempre se puede cambiar sacando y mostrando esas tus fortalezas. Si crees que siempre has sido una persona tímida por toda tu vida, siempre puedes cambiar.

Lo segundo es pensar y reconocer tus fortalezas, date cuenta cuáles son los temas con los que puedes profundizar, conversar, aconsejar, cosas que te apasionan, cosas a las que te gustaría dedicarte en tu vida.

¡Acuérdate de que no tienes que ser extrovertido **con todos**! Tú puedes empezar siendo extrovertido con aquellos que comparten cosas en común contigo. Si a lo mejor te gustan las ciencias, hay mucha gente que está dispuesta a conversar de ciencias, o biología, o de ingeniería aeronáutica, o de filosofía, o de poesía, o de música clásica o de *reggaetón*.

No porque estés cerca o rodeado de personas que no comparten el tema que a ti te apasiona quiere decir que tienes que ser tímido para siempre y con todos. No.

Puedes empezar con las personas que sí comparten tu tema y eso, hoy en día, en el mundo *online* se puede lograr a través de foros, a través de conversaciones en redes sociales, en llamadas de grupos virtuales, etcétera.

Y también yo te invito a que practiques con la gente con la que tienes confianza.

—¿Cómo te ayudo? —te dirá tu amigo o aquella persona cerca a quien le tengas mucha confianza.

—¡Conversando conmigo! Déjame explicarte un tema, contarte acerca de algo, dime si lo entiendes, dime cómo puedo explicártelo mejor, dime qué pensar, dime qué puedo hacer mejor…

Te pongo un ejemplo: imagina con tu amigo que eres una persona que va a ir a pedir un trabajo o que vas a tratar un negocio y te sientes tímido, entonces, pídele que te escuche y practica para ver cómo lo estás haciendo…

También piensa esto que es bien importante:

¿Cuál es el peor de los escenarios?

Si te decides a comunicarte con alguien con que estás incómodo comunicándote, te vas a dar cuenta de que el peor de los escenarios no es tan grave como pareciera. Te vas a dar cuenta de que la mayoría de los casos no estás poniendo tu vida en riesgo.

Debes saber que siempre que te equivoques, siempre, aparece una nueva oportunidad con esa persona o con otra, pero piensa, por un momento, imagínate: "El peor de los escenarios". ¡Te vas a dar cuenta de que no es tan grave como parece! y, sobre todo, recuerda siempre que la mayoría de la gente es buena y está dispuesta a ayudarte.

Así que utiliza todas herramientas para cambiar tus contactos por relaciones, y amplía tu mundo de amistades.

Capítulo 10

Acércate a unos y aléjate de otros

Hay que ser buenos, pero no bobos.

BUENO, PERO NO BOBO

Así como te he hablado de la importancia de acercarnos a la gente correcta, acercarnos a las personas que nos inspiran, a las personas que nos ayudan, así de importante es alejarnos de las personas incorrectas.

Esa lección yo la aprendí muy temprano en mi vida. Como te conté, yo me encontraba en medio de todo un profundo sufrimiento por el *bullying* del cual fui víctima durante los primeros años de secundaria. Luego, también te conté lo mal que la pasé al cambiarme de colegio y darme cuenta de que en séptimo grado las cosas estaban exactamente igual ¡o peor que en el colegio anterior!

¡Padecí largos años situaciones donde había tanta gente que me hacía sentir verdaderamente mal...!

Afortunadamente, hubo un cambio fundamental para mí que hizo una gran diferencia. Esto ocurrió con el paso de séptimo a octavo grado cuando me cambiaron de salón y me cambiaron de grupo. ¡Un pequeñísimo cambio fue como magia para mí!

El cambio de salón a octavo grado hizo una diferencia enorme, ¡oh, qué respiro! No creas que me convertí en el más popular, ni mucho menos. ¿Sabes qué sucedió? Pues el simple hecho de alejarme de las personas que estaban dispuestas a hacerme daño.

Y es que, te lo digo, hay personas que hacen daño para su propio entretenimiento o para sentirse mejor ellos mismos. Pero ¡hay tantos niños y jóvenes de 11, 12 o 13 años que tenemos que pasar por esa desgracia...!

Lo que más me marcó positivamente durante ese cambio fue el haber establecido una distancia con esas personas que tanto daño me hacían.

Descubrí que, definitivamente, en el nuevo salón, había un grupo de personas más compatibles a mí; compañeros que se convirtieron en amistades para toda la vida.

Y todo empezó con encontrar a personas que estaban dispuestas a aceptarme como yo era. Había algunos mayores que yo que, por circunstancias de la vida, estaban ahí y contaban con mayor madurez en cuanto a la manera de manejar las relaciones, la amistad, y eso para mí se traducía en tranquilidad y armonía.

ACÉRCATE A UNO, Y ALEJATE DE OTROS

En ese momento fue en el que yo me di cuenta de que para alcanzar la felicidad que uno busca no había que hacer solamente un esfuerzo por acercarnos a las personas correctas... ¡También había que hacerlo por alejarme de las personas incorrectas!

Esta idea y esta filosofía se han repetido en varias ocasiones en mi vida. Han determinado mi destino y mi carrera tanto con las personas que han traído mala vibra a mi vida como en la manera en que me he distanciado de ellas.

Traigo a mi memoria la época cuando mi programa de radio Íntimo comenzó a tener mucha aceptación en la audiencia de Miami. Durante esa época fue que Íntimo se hizo notar en la gerencia de Univision Radio. Se comentaba acerca de la posibilidad de que mi programa se convirtiera en un programa nacional y que llegara a varias ciudades.

Sin embargo, durante ese tiempo en que se estaba conversando y analizando esa posibilidad, recuerdo que recibí la llamada de una persona que trabajaba en el departamento que tenía que ver con los programas de distribución nacional. Recuerdo que fue un fin de semana y yo estaba en ese momento en una tienda:

—Te estoy llamando para decirte que están a punto de traer a Univision a alguien que ya hace un programa nacional igualito al tuyo. También escucha historias de la gente y no solamente va a ser una competencia para ti, sino que podría hacer que tu programa a nivel nacional no ocurra.

Me acuerdo que, en ese momento, el *shock* de la noticia me hizo engancharme en la conversación y seguí escuchando. Me repitió varias veces que yo no podía permitir eso, que en las emisoras no pueden transmitirse dos programas parecidos y que la compañía estaba cometiendo un terrible error. Insistió que ¡yo no lo podía permitir!

No te puedes imaginar todo lo que dejé que entrara en mí, me asusté, me frustré, temblé. Me enteré, o más bien esta persona me hizo creer, que había alguien dentro de la compañía tratando de hacerme daño. Me dijo todo lo que tú puedas imaginarte que alguien le puede decir a otra persona para asustarla, frustrarla, morirse de miedo.

Y te cuento que con esta desagradable experiencia en mi trabajo comencé a sentir cómo los efectos del *bullying* regresaban a mí. Tenía las mismas emociones negativas de miedo, de inseguridad, de nerviosismo que me abrazaban como cuando era niño.

¡Despertó un monstruo como si hubiera estado dormido! No existía una explicación clara de por qué estaba sintiendo lo mismo, pero así era.

Sin embargo, era ya un adulto así que eché mano de algunas herramientas. Sobre todo abrí mi mente para entender cómo los seres humanos actúan a veces de cierta manera. Nosotros, víctimas del *bullying*, tenemos como misión defendernos, hablarlo, poner freno y, especialmente, evitar a toda costa que nos hagan daño.

En medio de toda esta frustración y situación incómoda, recuerdo haber llamado a una buena amiga y mentora que fue productora por muchos años también en Univision, que se llama Ana Benítez.

—Ana —le dije—, ¿tú qué opinas de lo que me está pasando? Pareciera que esto se va a caer, porque hay alguien muy arriba en la compañía que quiere traer a otra persona y esto hará que mi programa no salga a nivel nacional.

—No te preocupes tanto por eso —me respondió—. Tú tienes tus objetivos claros; tienes muchas metas que son incluso más grandes que esa. ¡No puedes caer al mismo nivel, con ese tipo de peleas en la que te quieren meter! Y, además, yo te aseguro que en el lugar donde estás caben perfectamente tu programa y el programa de otra persona. Tú solo recuerda bien tus metas y objetivos a largo plazo. Nunca olvides todo lo que quieres lograr.

Eso me dio mucha tranquilidad. En medio de la ansiedad que había provocado en mí esta persona, buscando afectarme al crear chismes y ponerme mal, pude ver un poco más claro. Estaba creando un pánico en mí que era realmente infundado.

Pues resulta que, al fin y al cabo, esa otra persona que trajeron llegó a Univision, tuvo su programa a nivel nacional y le fue muy bien; yo tuve mi programa a nivel nacional y me fue muy bien... ¡Los dos programas coexistimos sin ningún tipo de problema! Yo seguí mi camino con mi programa; la otra persona siguió su camino con su propio programa, nos cruzamos muchas veces y nos saludamos respetuosamente...

Fue increíble cómo fui testigo de que, al pasar un par de años, esta persona que me habían vendido como si fuese un demonio, me invitó un día a que nos sentáramos a almorzar. Y resulta ser que me contó que, al momento en el que estaba negociando su contrato para venir a Univision, la misma persona que me había envenenado a mí le había llamado a ella para decirle que yo estaba diciendo que jamás permitiría que tuviera éxito en Univision...

—Yo nunca dije eso y mucho menos tengo el poder de arruinarle la carrera a nadie y, si lo tuviera, tampoco lo usaría de esa manera contigo ni con nadie porque no es quien soy —expliqué aliviado.

Fue increíble atestiguar que la misma persona que me había estado llamando a mí, le había llamado a la otra persona para decirle que yo jamás permitiría su entrada y que yo deseaba que fracasara.

¡Ninguna de las dos cosas resultaron ciertas!

Entonces descubrí (y desde entonces utilizo) lo que yo llamo:

ORDEN DE ALEJAMIENTO MENTAL

Dios me había mandado una nueva señal (igual que en mi época del *bullying*) de que tenía que dejar de escuchar a personas equivocadas y entender que no todo el mundo tiene buenas intenciones con respecto a ti o a nosotros.

Lo que tenemos que hacer es enfocarnos en las personas que tienen buenas intenciones y alejarnos de las personas que simplemente están llamando para chismear, meter cizaña. Enfrentar a cualquier persona que esté buscando la manera de satisfacer sus propias ansias de poder o su propia necesidad de sentirse mejor consigo misma, disminuyendo y haciendo de menos a los demás.

¡Qué gran lección aprendí!

Esto me ayudó a estar alerta, siempre, a no bajar la guardia y a determinar quiénes son las personas de las que me tengo que alejar.

Pasaron los años y llegó otro momento importantísimo en mi carrera que fue cuando, después de luchar por 10 años, logré ser cocreador y poner al aire mi programa de televisión. Habíamos empezado a tener un tremendo éxito llamando la atención de los ejecutivos de la compañía y de los anunciantes quienes estaban felices con nosotros.

Pero en ese momento, desafortunadamente, empiezo a verme atacado por personas dentro de nuestro propio equipo. Decían que las decisiones que yo estaba tomando se traducían en acciones en perjuicio de sus carreras, me decían en mi cara que en realidad no creían que yo fuera una buena persona y me acusaron de hacer cosas a sus espaldas para dañarlas. Pero cuando les pedía un ejemplo concreto, no podían darlo.

Y mientras yo trataba de llevar la fiesta en paz, viendo que pocos se atrevían a interceder, todo se ponía peor. Recordé con dolor todos los sentimientos y emociones que sufrí de niño, pero esta vez ya no era un niño y tenía que enfrentar todo esto con valentía y determinación. De entender esas experiencias tempranas saldría la fuerza que me ayudaría a no rendirme, a enfrentar con valentía un nuevo rechazo en mi vida.

Entré en un laberinto de dudas sobre mí mismo y me preguntaba obsesivamente: "¿Qué es lo que está pasando?", "¿cuál fue mi error?".

Le preguntaba a las personas de confianza a mi alrededor contándoles exactamente lo que estaba pasando en mi equipo de trabajo y a mí me mataba la duda, el cuestionamiento de:

"Bueno, ¿pero qué fue lo que hice mal? Te voy a contar exactamente —le dije a mis amigos— lo que está pasando para que tú me digas dónde me equivoqué, porque definitivamente algo estoy haciendo mal para estar siendo atacado de tal manera".

Y no lograba que nadie encontrara una causa clara de lo que sucedía. Esto no quiere decir que sea perfecto pero me gusta cuestionarme constantemente.

Aprendí hace muchos años de un amigo muy querido que, en vez de pasar tiempo buscando culpar a los demás por lo que nos pasa, hay que recordar que no podemos obligar a nadie a cambiar. Lo máximo que podemos atribuirle de responsabilidad a la otra persona es un 99% de culpa porque mínimo tenemos que encontrar nuestro propio 1% de la culpa. Por pequeño que sea, siempre habrá algo que pudimos haber hecho mejor y en eso se centraba mi búsqueda.

Mientras tanto, el mensaje que constantemente recibía de parte de los gerentes era: arregla las cosas, lleva la fiesta en paz, tienes que llevarte bien con todo el equipo...

Y efectivamente eso hice: tratar de llevarme bien con todos, ignorar las acusaciones infundadas, llenarme de paciencia, mientras constantemente me preguntaba qué estaba haciendo mal. "El que se enoja pierde", me repetía a mí mismo... y ¡qué bueno que mantuve la calma!

Pasó el tiempo y yo no hice absolutamente nada, nunca dije, jamás, que yo no podía trabajar con esas personas, tuve paciencia. Mostré que yo quería trabajar en paz y se lo decía a mis jefes.

Y así, precisamente por no haber hecho nada, estas personas fueron saliendo del equipo, por diferentes razones que no tuvieron que ver conmigo.

Recuerdo que hubo un momento en el que una de las personas a nivel ejecutivo se me acercó y me dijo:

—Alberto, te quiero pedir perdón porque definitivamente esa gente, que ya no está, fueron personas con las que nosotros nos equivocamos.

Para mí eso fue suficiente. No era un perdón o la disculpa que yo buscaba. Sin embargo, esto me hizo cerrar de alguna manera el ciclo; encontrar paz y saber que, al fin y al cabo, simplemente se había involucrado a gente que no quería lo mejor para el programa ni lo mejor para mí. Al final, cada quien tomó su camino y encontró un destino dentro de una trayectoria diferente.

A partir de ese momento las cosas cambiaron radicalmente y empecé a trabajar con más tranquilidad, con paz, con alegría, entendiendo una vez más está lección:

UNA ORDEN DE ALEJAMIENTO MENTAL

Necesitas alejarte lo más posible (aunque sea mentalmente) de las personas que no aportan. Muchas veces tenemos la necesidad de coexistir con alguien y, en ese caso, pude haberme alejado antes. ¡Podría haberme alejado, mentalmente, mucho más!

Debí haber instaurado **una orden de alejamiento mental** mucho más temprano en el proceso para que me afectara menos, para entender que simplemente hay cierta gente de la que tenemos que alejarnos para estar bien.

También me di cuenta de que, a medida que el éxito va llegando a nuestras vidas, siempre habrá gente a la que no le caemos bien y habrá otros que simplemente no pueden aceptar nuestro éxito. En otras palabras: envidiosos.

De las lecciones que he aprendido a lo largo de mi vida y mi carrera, se desprenden estos consejos:

HAY GENTE QUE NUNCA ESTÁ CONFORME CON SU PROPIA VIDA

Desafortunadamente, este tipo de personas tienen la necesidad de reducir a otras personas y siempre van a estar en la búsqueda de su próxima víctima. Son personas que para sentirse mejor necesitan, de manera inconsciente probablemente, reducir o minimizar o hacer sentir mal a otros para que, al compararse, ellos puedan lucir mejor, sentir que son mejores.

Mucho ojo: ¡el problema de esas personas no es tuyo ni mío; el problema es de ellos!

También:

Hay que mirar la negatividad de otros como una oportunidad para ver exactamente cómo uno no quiere ser. Hoy en día le agradezco a Dios el haberme encontrado con cada una de las personas negativas frente a mí. **Porque es exactamente lo que yo no quiero ser.**

¡Doy gracias a Dios por ponerlas en mi camino! También pude, en ese momento, agradecerle a Dios por haberme expuesto al *bullying* desde pequeño, porque eso me preparó para enfrentarme y defenderme de los *bullies* del futuro.

Siguiente lección:

¡No ataques, pero siempre defiéndete!

Mi mamá siempre me decía que en esta vida hay que ser bueno pero no bobo. Entonces no es una cuestión de atacar a nadie de manera infundada.

Si alguien brilla más que nosotros, ¡hay que aplaudir a esa persona! Hay que felicitar a esa persona por su brillo y no hay que estarla minimizando, ni hay que estar atacando.

Sin embargo, ¡cualquier persona que nos esté atacando a nosotros y se convierta en una persona de quien debamos defendernos... hay que hacerlo con todas las de la ley! Denunciando, poniendo límites, utilizando las palabras correctas, una vez más, sin minimizar a la otra persona, sin insultar, pero siempre defendiéndose.

Y, finalmente, la cuarta lección es aléjate de la gente que te hace daño, que no te aporta nada, y mantén el uso de tu energía con esa gente al mínimo necesario para que se queden lejos durante un tiempo (aunque sea de manera mental).

Yo descubrí que tenía peleas conmigo mismo, en mi pensamiento, antes irme a dormir, en la ducha, antes de salir al trabajo. En la mente, tenía conversaciones en donde les decía a los que me habían hecho daño cuán injustos habían sido conmigo.

Hasta que me acuerdo que en medio de mi sesión de terapia, con mi psicóloga Daniela Sichel, ella me dijo una vez algo que simplemente me cambió la vida:

—¿Qué pasaría si dejaras de luchar en tu mente con esas personas?

Fue un momento de enorme conciencia. ¡Cuánto tiempo había perdido tratando de ganar batallas mentales! La batalla que debía ganar, era que me tenía que alejar.

Así que:

Definitivamente, aléjate y mantén al mínimo el uso de tu energía hacia esas personas que no te agregan nada.

Recuerda, en esta vida no es solamente a quién nos acercamos para tener éxito, para lograr cosas importantes, para seguir intentando en medio de la adversidad, cuando la vida nos dice que No, cuando la vida nos repite: "que no se puede". Es también de quién nos alejamos.

Yo sé que tú quieres seguir intentando. No desperdicies tu energía, ni en la mente ni en la vida real, con gente que no vale la pena.

¡Ha sido importante el cómo te has acercado a la gente correcta, pues igual de importante alejarte de la gente incorrecta!

Capítulo 11

Mi compañera de vida

En esta vida no hay nada más importante que estar al lado de la persona correcta.

Un momento muy personal, cuando compartimos que Sofía venía en camino.

EN UN BARCO EN ALTAMAR

Quiero que te ubiques conmigo en un barco en altamar. Cruzábamos felizmente las vistas que brindan los profundos mares del Caribe. El viaje de nuestros sueños duraría siete días, bajo unas condiciones envidiables. Los protagonistas de este viaje espectacular éramos mi buen amigo Iván, su novia (y ahora esposa) Fabiola, mi novia Fay y yo.

El objetivo principal: un plan oculto en el cual, con la complicidad de mi amigo Iván, le daría el anillo de compromiso a mi novia. Pensaba e imaginaba escenarios del momento adecuado, dentro del viaje, para dárselo.

Fay y yo ya llevábamos juntos aproximadamente dos años. Nos habíamos conocido dentro de una circunstancia completamente aleatoria.

CUANDO NOS CONOCIMOS

Había sido contratado por una fundación para dar una serie de charlas en seis ciudades diferentes en los Estados Unidos. El último destino de esta gira era la ciudad de San Diego, California. Estaba listo para presentarme en un evento llamado *Hablando de la salud de la mujer,* en una cadena de hospitales.

Recuerdo que, luego de dar mi charla por la mañana, el padre de una de las organizadoras se ofreció muy amablemente para darme un *tour* por San Diego. Sin embargo, existía una insistencia por parte de la chica organizadora en que regresara a tiempo después del *tour* para asistir a un brindis para celebrar con el equipo el cierre del evento. Era la costumbre de ellos realizar un festejo del equipo al final de las conferencias cada año, para felicitarse del éxito de las mismas. Así que era importante, me decía, que yo apareciera ahí, que no podía faltar para departir con todos y hacer un brindis con tequila y agradecer a los participantes. Me llamó la atención que esta persona incluso me llamó a mi habitación para recordarme de la hora y de nuevo insistió para asegurarse de mi presencia.

Y qué iba yo a pensar, no tenía la menor idea, que la razón era que ella tenía una amiga para presentarme. Fue durante este brindis entre cajas, equipos, mesas, en donde por primera vez vi a Fay.

La chica organizadora, como solo hablaba inglés, le había dicho a Fay que creía que yo también era mexicano. Así que llegamos al brindis de despedida, me acerqué y fui saludando uno por uno y resulta que ella estaba hasta el otro lado de la mesa, a mayor distancia. Cuando llegué a Fay, después de dar toda la vuelta, la saludé en inglés pensando que ella era americana y ella me respondió en perfecto español.

Primero estuvimos conversando y luego de eso nos quedamos hablando un rato más. Le dije que estaba buscando un *tour* de la ciudad al día siguiente y que si tenía algo para recomendarme, y ella me dijo que ella me podía dar el *tour*.

Así empezó todo: una conversación, un *tour* que se convirtió después en una relación a larga distancia entre San Diego, en California, y Miami en la Florida.

Durante esos años tratábamos de vernos, al menos una vez al mes: una vez en Miami y otra en San Diego. Los dos trabajamos muy duro para que las cosas funcionaran. Había iniciado una muy buena relación, un excelente noviazgo... pero a distancia.

El estar separados no fue fácil. Pasamos por momentos en los que sentíamos el desgaste de la relación, incluso hubo un momento en el que brevemente terminamos porque nos costaba mucho trabajo manejar la distancia, pero al fin y al cabo volvimos.

Hasta que un día, después de dos largos años, decidimos que queríamos estar juntos en la misma ciudad. Debido a los compromisos que yo tenía en mi trabajo y con mi carrera y al ver las posibilidades que podía tener también la carrera de ella aquí en Miami, pues tomamos la decisión —ella tomó la decisión— de venir para acá en donde consolidamos ya una maravillosa relación de pareja.

Así que ahí estaba yo, en aquel hermoso crucero, con mi amigo, el cómplice, a quien le pedí que me ayudara escondiéndome el anillo para pedirle matrimonio a la mujer de mis sueños.

Recuerdo perfectamente que había conversado con alguien del barco para que me dieran la oportunidad de sorprenderla en un sitio poco común en donde yo pudiera establecer un escenario único para dar paso a la petición de mano y preguntarle si quería casarse conmigo.

Llegado el momento le pedí el anillo a Iván quien me lo entregó casi a manera de contrabando. Nunca me había sentido como un contrabandista, pero por primera vez sentí lo que era algo similar al esperar nervioso a que me entregara "eso" para ponérmelo en el bolsillo y esconderlo bien.

Los empleados del barco se habían "encompinchado" conmigo para que al final de la cena, nos invitaran a Fay y a mi a participar en un supuesto "concurso de cuánto conoces a tu pareja" y esa sería la excusa para llevarnos a un área restringida al público donde estaba la sorpresa. Pero la verdadera sorpresa en el comedor llegó cuando Fay dijo "no, gracias, no quiero participar". No me preguntes cómo la convencí. Sudé, pero lo logré."

Se trataba de la parte de enfrente del crucero, la proa del barco. Me pusieron una mesa alta tipo cóctel con una botella de champaña y se me ocurrió que agregaran una pequeña alfombra roja y unas flores para que el lugar luciera como de ensueño.

Comenzamos nuestra trayectoria al lugar preparado. Fay no entendía hacia dónde íbamos y solo me veía extrañada. Así que seguimos avanzando hasta que finalmente arribamos a la parte de adelante del barco. Solo estaba ahí la mesa, la botella de champaña y las flores; es decir, todo listo para arrodillarme y esperar la respuesta que me cambiaría la vida.

Pero siempre siempre surgen factores que no se han tomado en cuenta. Aquella velada que había visualizado como cinematográfica resultó que, en el lugar, ¡no había absolutamente nada de luz! Por esta inesperada razón no existió la posibilidad de tomar fotos decentes. Y luego, para colmo, tampoco consideré el terrible viento que azota, generalmente, la parte delantera de un barco.

Mi momento romántico, tan perfectamente planificado, se vio abruptamente interrumpido por un vendaval terrible. El mantel volaba, la botella de champaña casi se cae, las flores salieron volando, Fay se despeinó completamente. ¡Fue totalmente diferente a lo que yo me había imaginado! Pero aun cuando surgieron todos estos factores que yo no había considerado, fue un momento muy lindo e inolvidable.

Inmediatamente, mi ahora esposa Fay me dijo que sí, y lo hizo rápidamente sobre todo porque ya deseábamos volver y que no siguieran volando las cosas a nuestro alrededor. Tomamos un par de fotos que salieron desastrosas, pero el momento no dejó de ser inolvidable ¡Esta fue la historia de la petición de matrimonio hacia mi esposa!

A los pocos meses nos casamos y evidentemente es una de las mejores decisiones que he tomado en mi vida. Creo que el conocer a Fay ha sido una bendición increíble porque en ella encontré la combinación no solamente de una mujer bella y que me gustó en el momento que la vi de lejos antes de habernos presentado oficialmente, sino que además de eso, encontramos infinidad de cosas en común.

Nos compenetramos al descubrir que habíamos pasado por experiencias difíciles en la vida. Hoy en día, ambos podemos entender el valor de los momentos bonitos a través de haber vivido momentos difíciles. Encontré en común con ella el venir de familias preocupadas por nuestro bienestar, de gente que trabaja muy duro, provenir de familias interesadas por la educación, por hacer lo mejor posible por los hijos y, además de eso, el encontrar que ambos teníamos origen mixto entre católico y judío, pero ambos nos sentíamos más conectados con el judaísmo, lo cual era de por sí una coincidencia. Esto nos acercó mucho más al judaísmo y nos llevó a acudir ya en Miami a una sinagoga y convertirnos en miembros de la misma. Así mismo fue importante ofrecerle a nuestra hija una educación con valores y principios judíos en un colegio judío.

Todos estos detalles constituyen factores clave en los momentos de decisiones difíciles que hemos experimentado como pareja y familia.

Pero, sobre todo, mi esposa ha sido un apoyo increíble en los momentos donde he intentado lograr cosas, cuando he inventado proyectos y me los han rechazado; ha sido clave en momentos difíciles como cuando me he sentido que el *bullying* iba regresar a mi vida en el trabajo, ha sido mi apoyo cuando nos hemos topado con personas agresivas capaces de hacer daño. Fay siempre ha estado ahí.

A veces hasta me da un poquito de vergüenza cuando tengo tanto que contarle y sé que ella va a terminar cargada con la misma energía negativa con la que yo llego a la casa para hablarle de mis problemas. ¡Sin embargo, ella siempre ha estado allí para mí, con la paciencia, con el amor, con el cariño, con las ganas y con el recordatorio de que yo sí puedo y que juntos podemos!

Esta complicidad y compañerismo se acrecentó mucho desde el nacimiento de Sofía. La llegada de un bebé te llena de bendiciones y felicidad, y al mismo tiempo trae un sinfín de dificultades; los cambios de la dinámica, el no dormir y las decisiones difíciles que se van tomando con los hijos para que estén bien, las decisiones médicas, de educación, todas esas cosas que son parte de convertirse en padres.

LA PERSONA CORRECTA

En esta vida no hay nada más importante que estar al lado de la persona correcta.

Si tú en este momento sientes que a lo mejor tu pareja no te apoya, que no te da la libertad para seguir luchando, que la persona se ha desconectado de ti o que no le gustaría verte triunfar porque de alguna manera te alejaría de la familia:

¡Nunca es muy tarde para arreglarlo!

Te diría que es muy importante, es primordial, ser honesto con tu pareja respecto a tus sueños, tus metas, lo que quieres alcanzar y cómo quieres impactar al mundo. ¡Háblale de cómo deseas dejar al mundo mejor de cómo lo recibiste para que tu pareja se convierta en un aliado!

Nunca es tarde para lograr el apoyo de tu pareja. Explícale, de la mejor manera posible, la visión de lo que quieres lograr para que esa persona que tienes a tu lado te ayude y te apoye.

Y, si no tienes a una pareja a tu lado, es fundamental recordar siempre que ¡la puedes tener! A lo mejor tú, en estos momentos que me lees, no tienes a una persona en tu vida, pero te gustaría tenerla. Aquí se aplican los mismos principios: tienes que pasar por conocer personas, por intentarlo una y otra vez, encontrar cuáles son tus objetivos, encontrar cómo te sientes por dentro y, a la misma vez, ¡buscar!

No puedes estar sentado esperando que llegue una pareja. Ponte a buscar siempre mostrando la mayor claridad posible de qué es lo que quieres.

Tú sigue buscando a la persona indicada y, entre tanto, mientras no aparece la persona, hay que estar trabajando en nosotros mismos para ser mejores personas. Yo soy un convencido de que mientras mejor nos sintamos por dentro, mejor va a ser la persona que vamos a encontrar para ser nuestro compañero o compañera de vida.

Así como en la vida laboral y profesional constantemente estamos experimentando rechazo y hay que echarle ganas y volver a insistir y entender lo que queremos y tener claro el objetivo...

¡Eso ocurre exactamente igual en nuestra vida sentimental y al momento de buscar una pareja! Quiero compartirte algunos consejos, acerca de las relaciones de pareja:

El primer consejo es recordar que el amor es como aquello que en la escuela superior o en el *high school* en mi país le decían: las "Tres Marías":

FÍSICA, QUÍMICA Y MATEMÁTICA

Busca que tu pareja tenga las Tres Marías: física por la atracción que se siente al principio; la química por esa atracción que va más allá de lo que se ve, por la interacción, por esa complicidad, por ese verse a los ojos y saber que estamos pensando lo mismo, por esa conexión especial; y, matemática, porque tarde o temprano la parte racional es fundamental. Debes entender cuáles son los valores, cuáles son los principios, cuál es su ética de trabajo, cómo funcionan las personas en su parte laboral y en sus finanzas...

Entender y buscar que haya en todo lo posible esa compatibilidad y complemento.

Física = atracción

Química = cómo nos sentimos con esa persona

Matemática = entender cómo las dos vidas se pueden compaginar desde el punto de vista financiero, laboral, de crianza...

Te traigo otro consejo que a mí me ha servido:

Recuerda siempre incluir a tu pareja en todos tus sueños.

No olvides darte cuenta de que, cuando tú estás comprometido con alguien, tus sueños le van a impactar a esa persona, y los sueños de esa persona te van a impactar a ti. Así que:

Incluye siempre a tu pareja en tus planes y en tus sueños.

También es importante decir y conversar acerca de cuán involucrado quieres estar en la carrera o en el negocio de la persona que tienes a tu lado y cuánto quieres que esa persona que tienes a tu lado se involucre en tu carrera o en tu negocio.

Otro tema delicado es cuando ambos en la pareja están dedicados a su trabajo a tiempo completo y en un cambio de dinámica, por ejemplo al llegar los hijos, consideran la posibilidad de que uno de los dos deje de trabajar temporalmente. ¿Cómo te caería eso? ¿Te adaptarías a ese cambio?

Puede haber mucha química pero si no están resueltas las cuestiones laborales o logísticas pueden llevar a un fracaso. Recuerda, considera hablar con tu pareja y escucharla con respecto a:

Cuán involucrado quieres que esté en tus decisiones profesionales, dependiendo de la personalidad de cada quién. De la misma forma, hay muchas maneras por las cuales debes buscar que tu pareja te apoye desde el punto de vista moral.

La pareja es fundamental para recorrer el camino hacia nuestros sueños.

Un camino que esté lleno de persistencia, de constancia y de la capacidad de recibir los rechazos que son típicos de nuestro paso en la búsqueda hacia nuestra felicidad, nuestros objetivos.

Si sientes que no está funcionando tu relación al 100%, o que no te está apoyando tu sueño, siempre hay montones de oportunidades, de formas para corregirlo y para alinearte con la persona que tienes al lado.

Quizás tú crees que te digo esto porque mi relación es perfecta. ¡No! Con lo felices que somos, con lo bien que nos llevamos, nuestra relación no es perfecta, nuestra relación tiene altos y bajos como le ocurre a todo el mundo.

Entonces, ¿cuál es la diferencia?

La diferencia es:

La absoluta disposición de siempre asegurarnos que tarde o temprano se arreglen las cosas, tratar de encontrar puntos en común y entender que estamos juntos en todo.

Nadie, sépanlo bien, nadie la ha tenido fácil en su relación de pareja.

Para nosotros fue un reto enorme mantener la relación de pareja por más de dos años a larga distancia y nos llevó a luchar, y decidimos los dos trabajar por ello.

La vida de pareja tiene muchas cosas parecidas a la vida laboral y profesional. Hay que entender, conocer, cuestionar, buscar, ser fieles a nuestros instintos. Una vez que estás ahí y ya tienes pareja: ten claridad en tus objetivos y compártelos siempre.

Vamos. No te desanimes: ¡a tomar acción y encontrar claridad, junto a la persona correcta!

Para ayudarte a que siempre te rodees de la gente correcta y descargar nuestra guía gratis para sobrellevar el rechazo y lograr tus sueños, visita **www.ElSiDetrasDeUnNo.com**

Clave III

ACOSTÚMBRATE AL "NO"

Capítulo 12

El primer "NO" en Univision

"Pero ¿qué hace este niño aquí?

La vida está llena de ironías y te va colocando estratégicamente ante puertas que se te cierran para que después, de una manera casi mágica, se abran ante ti.

EL NO

La primera vez que me dijeron "NO" en Univision, mi lugar de trabajo por casi dos décadas, me cerraron una puerta en las narices y ni siquiera me dejaron pasar de la caseta de seguridad.

Lo que te voy a contar ahora es algo que creo que casi nadie lo sabía hasta ahora. Lo escribo y lo revivo claramente como si estuviera en una escena de película; yo soy el personaje a los 15 años de edad, en plena adolescencia.

La primera vez que
me dijeron "NO" en Univision.

Pues fue, precisamente, a esa edad, la primera vez que traté de "entrar" a Univision. El entrar, obviamente, lo escribo entre comillas pues mi intención era únicamente "entrar" es decir, hacerme presente en el edificio, conocerlo, recorrerlo, saber lo que se sentía poner un pie ahí.

No me presenté a pedir trabajo. Era muy chico para siquiera desearlo. Yo simplemente quería "entrar" al edificio de Univision. Revivo cada instante y lo veo, a muchos años de distancia, hasta cómico. Sin embargo, te cuento que en ese momento no fue así, más bien me dolió mucho.

Resulta que nos encontrábamos de vacaciones en Miami Beach. Había venido con mi familia de Caracas a Miami a hacerle una visita a mi abuela. Se trataba de unas vacaciones felices y relajadas, familiares, de descanso, para disfrutar.

Sin embargo, en mi cabecita ya empezaba a querer aclarar las dudas sobre mi futuro. En efecto, estaba en proceso de sincerarme conmigo mismo, que probablemente estudiar Administración de Empresas no era la mejor idea pues el gusanito de hacer otra cosa, sobre todo relacionada con la comunicación social, estaba ahí asomándose, poco a poco pero con fuerza.

En aquel momento, y siguiendo mi filosofía de contarle tus planes a las personas cercanas, especialmente si son de tu familia, le conté mis sueños a mi tío Jorge Hané, un primo de mi mamá a quien yo llamo "tío" por el inmenso cariño que le tengo. Él, por muchos años, ha estado involucrado muy exitosamente en el mundo del mercadeo y la industria de los medios de comunicación y ha sido siempre generoso y amable conmigo.

Recuerdo, tímidamente, haberle contado a él mis deseos. Le platiqué entonces que quería incursionar en la industria de los medios de comunicación. Me dijo que efectivamente tenía amistad con una persona que era jefe de un departamento de noticias en Univision y que, posiblemente, me podría conseguir, o más bien trataría de gestionar, la posibilidad de que me permitieran tomar un *tour* por las oficinas de Univision en la zona de Doral al Noroeste de la ciudad.

Así que: ¡Dios mío, qué suerte la mía! Mi tío Jorge contactó a una persona conocida en Miami para que me recibiera y me diera un paseo por las instalaciones de Univision. Mi tío me dio el número de teléfono de la asistente de esta persona, pues él ya había accedido a darme el paseíto por Univision. Por supuesto, yo no cabía de emoción. ¡Imagina lo que era para mí poder entrar y recorrer uno de los estudios más importantes del mundo de la televisión en los Estados Unidos! Así que cuando llamé y me dieron la fecha y hora para ir me puse a pegar brincos.

Como lo mencioné, el apartamento de mi abuelita, en donde nos quedábamos nosotros, se encontraba en Miami Beach, completamente al este. Pero había una traba. ¿Cómo me voy a ir de Miami Beach a Doral? ¿Cómo le voy a hacer?, me pregunté a mí mismo. ¡No había nadie disponible para llevarme y no era ni cerca ni fácil! Pero empecé a investigar y ver rutas. ¡Ay, Dios!, ¿cómo era que vivíamos hace no mucho tiempo sin Google y sin Internet? Era la época en la que apenas empezaba el internet de *dial-up* (vía telefónica) y en casa de mi abuela definitivamente tener computadora no era una prioridad. ¡Tenías que investigar con mapas, hacer llamadas a los números de información e ir por ahí preguntando... era un reto de ingenio e investigación llegar de un lugar a otro! Y me dije: "¡Pues yo llego como sea!".

Empezó la odisea. El trayecto consistía en tomar, primero, un par de autobuses, es decir, cambiar de un autobús a otro, y de otro a otro, en un lugar que yo no conocía... Luego tomar el metro, para finalmente tomar otro autobús que me dejaba relativamente cerca del estudio, a dos cuadras para terminar caminando. No calculé la espera entre los recorridos así que me tomó ¡casi tres horas llegar a mi destino! Pero con satisfacción, lo logré y llegué temprano.

Un poco cansado y sudado, pero entusiasmado, caminé hasta la caseta de seguridad de la entrada al edificio de Univision y, creyéndome muy adulto, dije:

—Vengo a ver a *tal persona* —dije con aplomo mientras notaba el cambio inesperado de la cara del guardia de seguridad. Pude leer su pensamiento...

"Pero ¿qué hace este niño aquí? Aquí se viene a trabajar y este chamaco, con cara de bebé, ¿a qué viene? ¿A jugar, a correr por ahí o qué?".

No podía entender qué estaba pasando. El guardia llamó a varias personas por teléfono y comencé a distinguir en su rostro una muestra extraña de negativa rotunda. Transcurrió el tiempo y yo, con una expectativa atroz pero temiendo que los resultados no estaban siendo muy positivos, veía cómo el de seguridad solo recibía no, no, no, no.

Y, a rajatabla me dice:

—No. No puedes entrar.

—Pero ¿cómo que no? Si aquí me citaron. Mire, hasta llegué más temprano y eso que hice tres horas en los transportes...

—Pues la persona que mencionas, niño, se encuentra en una reunión y su asistente me acaba de decir que no te puede atender.

Entonces me volví loco. Comencé a buscar un teléfono público, tomé varias monedas, y marqué el teléfono de la asistente de la persona para ver qué estaba pasando. Pero nadie atendió el teléfono.

Nadie me tomó la llamada.

Me convertí para ellos (y así me sentí) en un ser completamente inexistente... en una incomodidad. Guardé en mi pantalón la lista de preguntas que yo había escrito acerca de las cosas que quería saber del funcionamiento del canal. Había puesto toda mi energía y creatividad por parecer un chico listo interesado en la industria. Y de pronto, después de la emoción, me hundí en la decepción.

Varias cosas me dolieron profundamente. Primero, la obvia, las horas y horas que había tenido que gastar para transportarme hasta ahí, pero, más que eso, la sensación de que una persona me había prometido algo tan importante para mí y al final no me había cumplido.

Tomé la misma ruta de regreso con sus respectivos camiones y las mismas largas horas, pero con un sentimiento ya no de anticipación, sino terriblemente desilusionado.

Recuerdo habérselo contado a mi tío y se quedó completamente sorprendido y obviamente molesto con esta persona... Pero parecía que ahí había terminado la historia con aquel hombre que en ese momento era jefe de noticias. De hecho, mi tío Jorge en medio de su molestia con este hombre no insistió más, pero después, con el tiempo, fue él quien me abrió más de una puerta para conocer gente de la industria cuando me mudé a Miami y siempre le estaré eternamente agradecido.

LA VIDA DA MUCHAS VUELTAS

¡Quién hubiera imaginado que esta sería la misma empresa que se interesaría por mí y por mi trabajo! Univision, más de 10 años después, me estaba ofreciendo un lugar en la empresa mientras yo trabajaba para la competencia en Miami.

¡La puerta que se me había cerrado y, después de muchos años, me ofrecía la oportunidad de entrar "por la puerta grande"!

Mi llegada oficial a Univision me llenó de infinita felicidad. Pude entrar, ya no con el permiso del guardia de seguridad, sino para ocupar un lugar que aún mantengo. Quién iba a decir que Univision, el primer lugar en el que me negaron la entrada, sería el sitio en el que he laborado durante tantos años y ha sido testigo de mi crecimiento.

El lugar en donde he dejado mi corazón y ya no horas de transporte en autobuses, sino en crear y dedicarme a mejorar mi trabajo y crecer cada día.

Después de un par de años de estar en la compañía, me encontré a esa persona que no me dedicó, a mis 15 años, un corto tiempo para darme un *tour*. Lo vi caminando por ahí, en los pasillos. Recordé aquel momento que me entristeció tanto, pero nunca se lo dije.

Se veía triste. Él llevaba más de un par de décadas trabajando ahí y, no sé por qué, pero no se le veía muy feliz. Yo tomé la decisión consciente de nunca contarle mi anécdota. Creo que me daba un poco de pena al observar que no parecía un tipo dichoso, pleno. A lo mejor sería el resultado de los ojos con los que yo lo veía, pues en realidad nunca supo el impacto que había tenido en mí, de chico, o que, realmente no se trataba de un hombre feliz. Nunca lo sabré.

Ahora sé que si la vida me llevó ahí de nuevo a trabajar, habla de la importancia que tiene el descubrir pronto lo que en verdad te interesa, lo que te llama la atención y poner ahí tus intenciones, siempre. Y no es solo lo que te interesa, es pensar también en ¿dónde quisiera ejercerlo?, ¿trabajando con quién?

MANTÉN CON CLARIDAD TUS SUEÑOS

¿Para qué acordarse de los rechazos? ¿Por qué revivir las desilusiones de los momentos cuando la has pasado mal?

¿Por qué recordar cómo te dolió cuando eras un adolescente que, por ejemplo, te hubieran negado la entrada al lugar que soñabas conocer?

¿Por qué tener que acordarse de lo que no pudiste lograr?

Te digo por qué:

Es importante revivir la llama: la misma pasión que sentiste en los momentos en que fracasaste.

Recordar lo que sentiste al ser rechazado, aunque te haya dolido, hace que revivas la llama. ¡No la sueltes!

Es increíble cómo la vida me hizo enfrentarme desde muy temprana edad a una de las lecciones más marcadas de mi carrera. Yo mantuve ese fuego, esa pasión que sentí cuando tuve la oportunidad de hacer un *tour* en el sitio que me interesaba. Nunca abandoné el deseo de "entrar" a Univision. Si tú haces lo mismo, puede que se convierta, en algunos años, en el sitio a donde te llamen a trabajar.

Te diré por qué. Porque la vida da muchas vueltas y tarde o temprano te va a recompensar.

EJERCITA EL MÚSCULO DE ESCUCHAR UN "NO"

No me fue nada fácil procesar el rechazo que recibí cruelmente y que me impidió conocer Univision. Por mucho tiempo recordaba la negativa, ese NO rotundo que martillaba mi mente, esa acción que pareciera que hubiera roto mis sueños para siempre.

"No, no y no", me dijeron.

El músculo dentro de mi cabeza, el que recibió el NO, procesó la palabra pero no me hizo rendirme. Escuché el NO hasta que lo hice mío y ya no cobraba importancia. Tenía ahora que cambiarlo a un SÍ. Comencé a fortalecer el músculo. Me hizo más fuerte y fue un proceso de varios años.

Mientras más temprano en la vida aprendas a ejercitarlo estarás más cómodo con los NO que te va a poner enfrente la vida. Ten la seguridad, pues, que es cosa de paciencia (y de no apagar la llama) que pronto se convertirán en un SÍ.

A nuestros hijos también debemos enseñarles la importancia de conocer el significado de un NO. Aceptar el rechazo para, después, llenarte de confianza.

Hay que estar cómodos con los NO.

La fe que tengamos en Dios y nosotros mismos es nuestro oxígeno para hacer diariamente el ejercicio de estar cómodos con los NO. No significa aceptarlos sino tranquilizarte, respirar y llenarte de confianza a que pronto se convertirá en un SÍ.

No obstante, la cantidad de veces que escuches un NO, quiero que sepas, que estés seguro de que se te va a premiar con un SÍ. Porque el NO, no es un NO a tu sueño, sino *a ese momento en particular*. Lo que lo va a convertir en un SÍ es MANTENER LA CLARIDAD DE TU SUEÑO, mantener la fe y seguirlo intentando.

Y recuerda: siempre hay un SÍ detrás de un NO.

Capítulo 13

Tres NO en 90 días

de pronto te llueve sobre mojado

Jamás pensé que mi vida pudiera cambiar tanto en tan solo 90 días. Dios me dijo que NO a varias cosas al mismo tiempo.

CUANDO LLUEVE SOBRE MOJADO

Vamos, es algo que no te pasa por la cabeza, pero sucede. En ocasiones existen pérdidas, pero nunca estás preparado para que sean tan definitorias y que puedan ocurrir a la vez.

Y es que, fíjate, ¡a veces los obstáculos no se presentan solos, independientes! No, señor. Aparecen, o la vida te los pone, en grupitos, agarraditos de la mano, y de pronto: "te llueve sobre mojado". ¿Te ha pasado?

Yo no lo tenía contemplado. Ni se me había ocurrido que me podría pasar a mí, sobre todo porque, aun en medio de las dificultades que había vivido mi familia hasta ese momento, debo decir que nunca habíamos pasado por una tragedia, por una pérdida grande o por una situación difícil, y menos por varias cosas fuertes a la vez.

El primer golpe vino al poco tiempo de ser llamado a trabajar para la radio en Univision.

Resulta que yo estaba laborando tranquilamente en una emisora de la competencia. Todo marchaba bien, sin contratiempos. Pero, de pronto, aparece lo que lucía como una excelente oportunidad. Me ofrecen en Univision un espacio en el cual iba a poder ser copresentador y productor de un nuevo programa matutino en una radio importante en español en Miami. El proyecto era sumamente interesante y no había manera de rechazar la oferta. ¡Qué buena suerte la mía! La vida me sonreía y acepté encantado.

Era un primero de agosto. Fecha marcada en el calendario como mi primer día oficialmente trabajando para Univision. Y así transcurrió la jornada: todo el mundo me saludó muy amable, me dieron una cálida bienvenida, innumerables muestras de cariño, y el plan era empezar a conducir y producir este programa de radio en una emisora que tocaba una mezcla de música pop y tropical, un formato con el que yo estaba sumamente familiarizado y del que venía de trabajar por muchos años en la otra radio.

Pues me presento a mi primer día de trabajo, evidentemente todavía no íbamos a ir al aire, sino que simplemente entro y le pregunto a mis nuevos jefes dónde podía sentarme, cuál pudiera ser mi escritorio para conectar una computadora, en fin, todos los procesos normales de un primer día laboral.

En ese momento veo a todo el mundo en estado de agitación que yo no entendía: desde nuestro gerente del área de programación, de ventas, es decir, todo el mundo estaba en una especie de modo emergencia.

Y cuando empiezo a preguntar, tratando de interrumpir lo menos posible, me explican que, debido a una instrucción que venía de la alta gerencia de la división de radio, ese mismo día debían cambiar el formato de esa emisora, que era pop y tropical, a un formato de música de 100% *reggaetón*, que en ese momento estaba en pleno auge con el *boom* de Daddy Yankee, de Don Omar y de tantos otros.

La noticia me cayó como balde de agua fría, aunque entendí y me resigné ya que se trataba de una instrucción que irremediablemente se tenía que hacer.

Lo primero que me pasa por mi mente es: ¡Pero qué rayos voy a hacer yo trabajando en una emisora de *reggaetón*! Una música que ni conozco ni me llama la atención, pero más aún, que desconozco todo sobre ella...

"¡Oigan!", gritaba para mis adentros, "¡ustedes NO me contrataron para esto!".

Se me viene el mundo encima. Pienso: Acabo de dejar mi trabajo en el que estaba muy tranquilo, perfectamente estable, sintiéndome seguro por dominar lo que hacía por una oportunidad que parecía importante, y de un momento me mandan ¡a una emisora de *reggaetón*!

Y ahora, ¿qué voy a hacer?

Pues no hice nada. Efectivamente, hicieron el cambio de formato y no tuve más remedio que iniciar conduciendo un programa con una temática lo más alejada de mi corazón.

¡Las lecciones que te da la vida! Mi primer NO del periodo de 90 días. Iniciar en un programa que parecía no tener ni pies ni cabeza para mí y alejado completamente de la música y los temas que me gustaban, habiendo dejado el trabajo de mi vida.

Pero, ¡ah!, como te digo, ¡las sorpresas y los golpes no vienen solos!

Durante esos mismos 90 días, lo otro que me ocurrió es que se terminó la relación en la cual me encontraba desde hacía casi tres años. Cualquier ruptura te marca, es tremenda.

Estaba yo en una relación de pareja donde había dejado de sentirme 100% cómodo, sin embargo se trataba de una persona que había sido un apoyo fundamental para mí durante toda la enfermedad de mi mamá. En medio de lo mal que yo estaba emocionalmente y al no sentir que mi futuro iba ser con esa persona, la relación no continuó.

El punto obscuro en el que me encontraba se había agravado debido al cansancio emocional de los meses y años del sufrimiento de mi madre por su enfermedad, que culminó con su muerte, justo dentro de esos mismos 90 días.

No es necesario que te cuente que esta parte fue, sin lugar a dudas, la más difícil. El hecho es que me encontraba ahí, lidiando con el tercer acontecimiento: la irreparable pérdida y dolor indescriptible de la muerte de mi madre.

Este hecho marcó con profundidad (y este sí, para siempre) esos negros 90 días. Uno de los dolores más profundos, aquellos que lo hemos experimentado, sabemos lo que es la partida de tu propia madre.

Mi mamá había sido diagnosticada de cáncer de seno hacía casi 10 años y vivido prácticamente siete años con excelente calidad de vida: había podido trabajar, había sido recetada con tratamientos muy manejables, en fin, había sabido continuar su vida bastante bien. Al inicio, los pronósticos de los médicos eran muy pobres, sin embargo, ella con fuerzas impresionantes salió adelante.

Pero, en sus últimos años, el cáncer la fue deteriorando terriblemente y, a pesar de que ella tenía una actitud increíble y unas ganas de vivir enormes, llegó un punto en el que los médicos nos dijeron que no se podía hacer más y fue trasladada a la casa donde desafortunadamente falleció.

Nunca pensamos que puede ocurrirnos algo así. El fallecimiento de mi madre definitivamente ha sido el golpe más duro de mi vida. Yo siempre fui muy apegado a ella y no me canso de decir que era una mujer maravillosa, con optimismo increíble y siempre echada hacia delante. Esas ganas de luchar de ella nos tenían a nosotros muy optimistas, probablemente excesivamente optimistas, respecto a que ella pudiera superar un cáncer que ya estaba lamentablemente por todo el cuerpo.

Esos 90 días cierran en mi corazón con la muerte de mi madre.

PARA SER MÁS FUERTE

Obviamente, yo me encontraba verdaderamente vencido. Con la conmoción y la infinita tristeza, lidiando con mi duelo y, aunque muchas personas nos acompañaban, me sentía terriblemente solo y con un empleo que sentía que no era para mí.

En 90 días, Dios me mandó todos estos retos, uno sobre otro, donde yo no sabía qué hacer, ni cómo reaccionar sintiéndome absolutamente acabado.

Dios nos manda situaciones terriblemente difíciles, a veces, al mismo tiempo.

Es verdad. Dios nos pone en situaciones que en esos momentos parecieran que nos van a derrumbar, tirar al suelo para siempre y de las cuales será muy difícil recuperarnos.

Pero también Dios tiene la capacidad de actuar de manera muy misteriosa donde a la misma vez que nos ha mandado retos y dificultades también nos manda lo que yo considero que son recompensas.

Estoy seguro que la vida tiene preparadas sorpresas para ti que, no valorarías de la misma forma, si no te hubieras topado con esos grandes obstáculos que llegaste a sentir que eran insuperables.

Ten fe en que los NO se presentan para hacernos más fuertes.

Después de situaciones adversas, te aseguro que tendrás muchas más oportunidades, muchas puertas abiertas, las cuales, precisamente por lo que pasaste, las vas a valorar muchísimo más.

Al estar "en el hoyo" te aseguro que tendrás la oportunidad de aprender, de manejar mucho más capacidades, de hacerte más fuerte, crecerán tus habilidades emocionales, racionales, mentales, profesionales.

Te toparás con un montón de NO, pero recuerda que tarde o temprano recibirás un SÍ.

Durante aquellos tres meses, que recuerdo bien, cancelaron mi programa, se dio la ruptura con mi pareja y murió mi madre. Tres grandes NO en 90 días.

¿Y qué pasó después?

Bueno, que la vida continuó y me fue dando una serie de sorpresas.

Te cuento: el programa de *reggaetón* fue cancelado después de tres meses. No le augurábamos mucho éxito y así fue. Terminó. Sin embargo, yo continué trabajando en la misma compañía.

Mi nuevo jefe me había dicho que él quería seguir contando conmigo, me aseguró que yo no iba a perder mi trabajo, a pesar de que teníamos poquísimo tiempo conociéndonos. Su nombre: Pedro Javier González. Ambos habíamos hecho una química de trabajo excelente y me pidió, aunque él sabía que yo quería continuar con mi carrera como locutor y productor, que me incorporara a otra de nuestras emisoras en calidad de productor: Amor 107.5.

¡Quién iba a pensar que es aquí en donde laboro felizmente hasta el día de hoy! (Si no se hubieran dado todas las calamidades del programa de *reggaetón*, no estaría hoy aquí contándote orgullosamente de mi presencia en Amor 107.5). ¿Te das cuenta?

Así que, por la oportunidad que me brindó Pedro Javier y porque creyó en mí, me incorporé como productor del programa de las tardes llamado *Tardes calientes* con Roxana García y José Antonio Álvarez. Al invitarme a colaborar como productor del programa me dijo:

—Yo entiendo que esto no es exactamente lo que tú quieres hacer, pero es lo que tengo en este momento.

Entonces, en medio de la depresión de haber perdido a mi mamá, en medio de las duras semanas de tristeza, después de la combinación de todas esas cosas, de haber visto la frustración laboral, de que se hubiese terminado la relación de pareja... pues empecé a ir todos los días al edificio a trabajar para mantener mi estabilidad y hacer las cosas con la mejor intención posible...

Pero aquí viene la sorpresa que me tenía preparada la vida.

UN SÍ MÁS GRANDE QUE UN NO

—Alberto, tengo que hablar contigo —me dijo Pedro Javier.

"¿Otro cambio? Ahora sí me va a botar... algo pasó", pensé yo.

—Quiero desarrollar un nuevo programa en las noches en la emisora —me dijo—, donde entre canción y canción hay que abrir las líneas telefónicas para que las personas del público puedan compartir historias de sus momentos más difíciles. Que llamen a pedir apoyo y les responda una persona que los pueda alentar, aconsejar y que los pueda apoyar en momentos oscuros. ¿Qué te parece?

—Me parece perfecto —respondí con mi mente de productor—. ¿A quién quieres que llamemos para hacer el *casting*?... a un psicólogo, a un *coach* de vida... ¿Quién te gustaría? Yo me encargo de la producción, pero hay que buscar a un experto.

—No, yo quiero que tú conduzcas el programa.

Y yo lo vi con una cara de extrañado y le dije:

—¿Tú le estás pidiendo a la persona más deprimida de todo este edificio que conduzca un programa donde se aliente a las personas a seguir adelante cuando el que más aliento necesita en este momento soy yo?

—Sí, efectivamente —me dijo con una seguridad enorme—, eso es lo que yo quiero que hagas.

—Pero ¿tú crees que yo sería capaz de hacer algo como esto y sobre todo en el estado en el que me encuentro?

—Sí —me dijo—, porque yo pienso que tú tienes la profundidad, el interés y la sensibilidad que hacen falta para escuchar las historias de otras personas.

Pedro me estaba entregando la oportunidad de alinear mis habilidades —que hasta entonces yo mismo desconocía— con un propósito: el de apoyar a otros en sus momentos difíciles, escuchando sus historias a través de la radio.

Al poco tiempo empezó **Íntimo,** el programa que conduzco y he conducido por más de 15 años.

Ten paciencia. La vida te tiene preparado el SÍ que tú tanto has esperado.

Es increíble pensar cómo a partir de allí empezó el momento de mayor crecimiento profesional en mi vida.

Desde la primera noche que abrimos las líneas, la gente llamó, se confesó, me contó las dificultades más grandes, me pidió apoyo y ese apoyo que yo les daba a los otros...

¡Me permitió, nada menos, a mí, salir del hoyo!

Me permitió dormir, sentirme mejor, sonreír y hacer una especie de terapia en conjunto, de terapia de grupo, entre todos para apoyarnos y darnos cuenta de que los seres humanos pasamos por cosas muy difíciles. Tanto mis oyentes como yo éramos iguales.

A partir de ahí empezó una de las etapas profesionales más importantes de mi vida; el programa de radio de la noche fue un éxito prácticamente inmediato.

EL SÍ AL INFINITO

De allí me empezaron a llamar de programas de televisión, a hablar de temas relacionados con temas inspiracionales y motivacionales, me empezaron a contratar como conferencista llevándome a diferentes lugares de los Estados Unidos. Apareció al poco tiempo la oportunidad de publicar un libro, me convertí en columnista de una revista nacional... A los pocos años, el programa de radio que era exclusivo para Miami empezó a escucharse en decenas de ciudades alrededor de los Estados Unidos.

Y de pronto la vida me levantó este dedo —y no otro— en medio de tanta oscuridad.

El momento más obscuro en mi vida se había convertido en la etapa más gratificante en mi carrera.

Por eso, a lo mejor, tú que me estás leyendo, estás pasando por un momento sumamente obscuro.

Quiero, que, a través de mi historia, sepas que no todo está perdido.

Que Dios está allí y que, por cada cosa por la que pasamos, Él está allí cuidándonos, llevándonos de la mano, aunque no lo veamos.

Y, finalmente, recuerda que la mayoría de los grandes pintores, como Monet, Diego Rivera, Van Gogh y tantos otros, se inspiraron en sus experiencias más obscuras para hacer sus obras más grandes. A través de ellos, a través de mí y a través de ti, siempre quedará demostrado que la oscuridad de nuestras vidas se puede transformar en un momento de luz.

Recuerda: cada situación difícil a la que te enfrentes te está enseñando algo, te está preparando, te está abonando el terreno para algo mucho más grande que la vida tiene preparada para ti.

Capítulo 14

Persiguiendo a O.J. Simpson

Y resulta que un día me vi en la misión de perseguir a O.J. Simpson y no fue precisamente en una patrulla...

EL CELULAR DE O.J. SIMPSON

Yo estaba empezando a trabajar con Enrique Santos. Él me había dado mi primera oportunidad en la radio en Miami. Entré como pasante, asistía algunos días a la semana y lo ayudaba en lo que necesitara. Apenas nos estábamos conociendo. Con esa ilusión que te da ser *intern*, estaba dispuesto a trabajar gratis y para mí era un punto de entrada importantísimo en el mundo de la radio pues era lo que siempre había querido hacer. Yo estaba en Miami en ese momento estudiando un postgrado en negocios, pero sabía que quería seguir involucrado en la radio. Así que a través de personas en común, afortunadamente, me había conectado con Enrique.

Aunque ya tenía algunos años de experiencia en la radio en Venezuela, yo sabía que en Miami tendría que empezar de nuevo y estaba dispuesto a hacerlo. Cuando Enrique me dio la oportunidad, él necesitaba todo tipo de ayuda, desde buscar el café, ordenar el desayuno y sacar fotocopias, pasando por ir al piso de abajo a abrirle la puerta a los invitados y cualquier otra cosa que hiciera falta como apoyo durante el programa en vivo y también después. Siempre estuve dispuesto a hacer lo que me pidieran y vi todo esto como una oportunidad enorme para mí... y así lo fue.

A los pocos meses de estar trabajando juntos, me entrega una mañana un papelito arrugado, casi medio borroso.

—¿Qué es esto? —le pregunté intrigado a Enrique.

—Este es el celular de O.J. Simpson.

—¡¿Para qué me estás dando el celular de O.J. Simpson?!

—Quiero ponerte el reto de que lo traigamos al programa —cerró su propuesta hábilmente mi nuevo jefe.

Yo me quedé en *shock*, sobre todo al conocer y entender la historia de O.J. Simpson.

En ese momento no había persona en el planeta que no supiera la historia de O.J. Simpson. Un individuo acusado de asesinar a su esposa, Nicole Brown, con quien tenía dos hijos, y a su amigo, Ronald Goldman, quienes fueron encontrados apuñalados en el exterior de la propiedad donde vivía Nicole Brown.

El mundo entero conocía a este personaje. Primero, por su impresionante carrera deportiva en el fútbol americano. Ahora era una persona que, a pesar de que había quedado libre, había protagonizado una de las persecuciones en vivo más vistas en la historia de la televisión, y además de eso había sido el centro de uno de los juicios más controversiales de la historia reciente. Pero ya habían pasado algunos años y Simpson estaba viviendo una vida bastante más discreta.

Enrique siempre se había caracterizado por hacer entrevistas que llamaban la atención, por mostrar a personas en situaciones diferentes y controversiales, y resulta que había asistido la noche anterior a una fiesta y alguien, por alguna razón, le había dado el número celular de O.J. Simpson. Así que Enrique me puso el reto de tratar de conseguirlo para ver si venía al programa.

Un buen día me preparo para mi primera llamada a O.J. Simpson, primero que nada con la curiosidad de saber si iba a ser el celular de este hombre o no.

Nunca olvidaré cuando marqué por primera vez el número desde mi propio celular con un poco de miedo; las manos me sudaban.

Yo decía: ¡*Wow*! ¡En qué me estoy metiendo!

Pero estaba dispuesto a asumir el reto. Entonces, por primera vez me atendió alguien la llamada.

—¿Es usted el señor O.J. Simpson? —pregunté con mi mejor inglés posible.

—Sí.

—Soy Alberto Sardiñas de la emisora El Zol 95.7 de Miami; trabajo con Enrique Santos en el programa *Vacilón de la Mañana,* y lo estaba llamando porque nos encantaría invitarlo a nuestro programa para una entrevista —y le expliqué de qué se trataba—. Somos un programa de entretenimiento, de música tropical, de comedia, en español, y nos encantaría tenerlo como invitado.

—Mira, mi amigo, yo en este momento estoy muy ocupado. Llámame la semana que viene.

—No hay problema. ¿Lo puedo llamar de vuelta?

—Sí, perfectamente.

—Bueno, gracias.

Entonces en ese momento recuerdo que en mi agenda, un organizador digital que tenía, escribí un recordatorio para la siguiente semana: "Llamar a O.J. Simpson".

Así que, efectivamente, a la semana siguiente lo volví a llamar.

—Señor Simpson, le habla Alberto, de El Zol 95.7 FM de Miami, ¿me recuerda?

—Sí, ¡cómo no!

—Bueno, usted me pidió que lo volviera a llamar esta semana para ver si pudiera venir al programa de radio.

—Me tuve que ir a Atlanta; estaba en Miami pero ya me fui para Atlanta. Llámame dentro de un mes.

—¡Cómo no!, señor Simpson, con mucho gusto.

Y, efectivamente, yo agarraba ese recordatorio que tenía en mi agenda digital y lo pasaba para exactamente un mes después. "Llamar a O.J. Simpson".

Tercera llamada, lo mismo, Míster Simpson, Alberto Sardiñas, del Zol 95.7, ¿cómo está usted...?

En este momento, el hombre había adquirido aunque fuera un pequeño grado de familiaridad con mi nombre y con mi voz.

Y una vez más le dije que nos encantaría saber si nos podría acompañar un día, en vivo, en el estudio de la radio, a lo que el hombre me respondió con un "Todavía sigo en Atlanta. Me voy a quedar más tiempo. Llámame en un mes".

Sin tocarle el tema a Enrique, sin decirle que estaba trabajando en eso ni nada, discretamente lo pasé de nuevo, en mi agenda, para el siguiente mes y volví a llamar. En ese momento el hombre me dijo. "Sí, estoy en Miami pero me encuentro muy ocupado. Por ahora no voy a poder. Yo te diría que me llames como en unas dos semanas". Y volví a cambiar otra vez el recordatorio: "Llamar a O.J. Simpson". Así, de una fecha a la otra, durante varios meses.

Hasta que, en una de esas, el hombre, ya un poco más acostumbrado a mi voz, me respondió:

—Estoy en Miami —me dijo por primera vez.

—¿Le gustaría venir a nuestro programa por la mañana?

—¿A qué hora?—dijo.

—Bueno, estamos desde las 6 de la mañana hasta las 10:00.

—Seis es muy temprano.

—¿A qué hora le gustaría venir, señor?

—Como a las 9.

—No hay ningún problema.

Fue entonces que le di la dirección y, al día siguiente, el mismísimo O.J. Simpson se apareció afuera del estudio. Yo lo llamaba para indicarle dónde estacionarse, "por aquí, acomódese por allá, le guardé un puesto privado de estacionamiento", etcétera.

El hombre llegó al programa de Enrique Santos quién, junto con su equipo, sacó una entrevista fenomenal, en inglés traducida al español; le pusieron música tropical, lo pusieron a bailar salsa y todo, siempre con mucho humor, al estilo del programa.

En ese momento siento que fue cuando Enrique cayó en cuenta que yo podía estar a la altura de este y muchos otros retos. Con los años, Enrique y la emisora me dieron muchas más oportunidades, primero como pasante o interno, más adelante como asistente de producción y luego como productor del programa de radio. Por lo cual, siempre, le estaré eternamente agradecido.

Y tú te preguntarás:

—Y a todo esto, Alberto, ¿tú qué piensas? ¿Simpson lo hizo o no?

Sí, probablemente sí lo hizo. Y no estoy orgulloso de haberlo traído al programa por quien realmente es. Pero de lo que sí estoy orgulloso es de haber tomado un reto tan difícil, como fue llamar a una persona completamente desconocida, de tan alto perfil y desarrollar el *rapport,* como se dice en inglés, que hace falta para lograr credibilidad, poco a poco, y tener la paciencia y la disciplina para demostrar a una persona que estoy verdaderamente interesado.

Para lograrlo, primero me dijo muchísimas veces que NO. Hasta que logré el SÍ.

LO QUE APRENDÍ

Que estoy dispuesto a escuchar un NO muchas veces con tal de llegar al SÍ.

Y eso fue algo que requirió persistencia, perseverancia. Pero, también, la organización necesaria para que esto no se quedara como un pendiente que se olvida con el tiempo. Tuve la paciencia para recordarlo una y otra vez... De la misma manera que un vendedor puede hacerlo con un cliente difícil, o como alguien que aspira a conseguir una posición importante, puede hacerlo con el que podría contratarlo. Y algo importante:

Poco a poco me fui sintiendo más cómodo con el rechazo, como un camino hacia la aceptación y hacia el sí.

Cuando uno se asoma a la historia, te das cuenta de que hay muchas personas que han tenido que intentar las cosas miles de veces antes de alcanzar su éxito.

Aquí tienes una historia de alguien que tuvo que insistir decenas de veces. Se trata de Jack Canfield, coautor de *Sopa de pollo para el alma* (*Chicken Soup for the Soul*). Lo que al principio fue un libro de testimonios, hoy se compone de 250 títulos, 500 millones de copias vendidas y ha sido traducido a 40 idiomas. Obtuvo el récord Guinness por haber logrado tener siete diferentes títulos de *Sopa de pollo*, libros inspiracionales con historias verídicas para diferente público, como *Best Sellers*, todos al mismo tiempo.

Pero...

¡No todo fue sencillo para Canfield!

Al principio, él simplemente recopiló testimonios reales de participantes en su audiencia. Tuvo la idea de hacerlo libro, pero, al presentarlo, ¡fue rechazado por prácticamente todas las editoriales de los Estados Unidos!

Después, su agente literario lo abandonó pues perdió la esperanza, pero, antes de darse por vencido, Canfield fue a dar a una pequeñita editorial en Florida en donde autopublicó su primer libro.

Y, para hacerte la historia más corta, después de haber sido rechazado por tantas y tantas editoriales que le decían "¿quién se va a interesar por historias reales de gente que logró salir adelante?", él y su socio formaron su propia editorial *Chicken Soup for the Soul Publishing, LLC,* una enorme empresa que, actualmente, es dueña de series de televisión, *media,* todo tipo de entretenimiento, hasta una marca de productos de comida y cotiza en bolsa.

Así puedes buscar muchas historias y, en lugar de compararte con aquellos que NO han perseverado, busca a los que sí lo han hecho.

Ejemplos hay muchos y ¡sus historias son tan inspiracionales...!

Fíjate, te cuento. James Dyson, el inventor de las famosas aspiradoras Dyson, estaba tratando de inventar una aspiradora que no tuviera bolsa y creó más de 5,000 prototipos antes de lograr su modelo perfecto. ¡Eso es perseverancia!

Hoy en día existe un premio James Dyson Award a los mejores diseños industriales al nivel global... o qué tal el cantante Alejandro Sanz, quien reveló en su biografía que sus canciones fueron rechazadas en múltiples ocasiones pues le dijeron que sus letras no eran comerciales, que no había manera de que triunfara y todos sabemos que esas primeras canciones de su álbum cuando debutó, ¡dieron la vuelta al mundo!

Entonces, ¿cuáles son mis claves para mantener esta paciencia, esta perseverancia, esta constancia en medio de un proceso de buscar un SÍ a través de muchos NO?

EVALÚA SI ESTA MISIÓN TIENE SENTIDO O NO

Piensa en cómo se alinea esta misión, esa idea, ese proyecto con tu trabajo actual o con tus objetivos a largo plazo. Analiza cuál sería el beneficio para ti o para otras personas el lograr esa misión que parece tan difícil de alcanzar.

Para mí, en el caso de O.J. Simpson, no fue solamente crear un segmento de entretenimiento y polémica para un programa de radio… era también mostrarle a la persona que me había dado la confianza (Enrique) que yo sí podía ser alguien en quien podía confiar y que estaba dispuesto a tomar retos a largo plazo.

Toma en cuenta que no todas las "misiones" en las que has estado trabajando tendrán sentido a la larga. Uno de los retos más grandes, pero que tenemos que afrontar, es el de poder diferenciar entre un hueco o un bajón en el camino, versus el haber llegado a una calle ciega. De esto habla el mercadólogo, empresario y autor de libros *best sellers* Seth Godin, en su libro *The Dip* (el hueco o el bajón), que se describe como "Un pequeño libro que te enseña cuándo renunciar (y cuándo seguir)".

Él explica que para ser ganadores en esta vida tenemos que saber cuándo persistir y cuándo renunciar a algo a tiempo. La clave de todo esto está en tener la seguridad de que cuando perseveramos en algo es porque tenemos la habilidad y la disposición de hacerlo excepcionalmente bien, así como de estar dispuestos a mejorar nuestro *performance* luego de cada falla, de cada "no", de cada rechazo. Y te quiero recordar que, incluso en aquellas experiencias en las que lo intentamos mil veces y al final no nos queda otra que renunciar, siempre habrá mil lecciones que nos habrán convertido en personas más fuertes.

Después tienes que saber:

¿Cómo enfrentar las situaciones adversas de diferentes maneras? ¡Imagínate el escenario con los diferentes tipos de respuestas que te pueden dar! Prepárate para la mayor cantidad de NO que se te ocurran que pudieras enfrentar... todas las que puedas imaginar y piensa cómo puedes darles la vuelta. Esto es muy importante: trabajar en el rechazo muchísimas veces te hace estar preparado con respuestas que te permitan avanzar en el objetivo.

Y luego, quiero insistir en esto para que si puedes lo escribas en un cartel del tamaño de la pared de la sala de tu casa (bueno, no tanto), que:

Nunca te tomes el rechazo como algo personal.

La mayoría de las veces no tiene que ver contigo y, si tuviera que ver contigo, entonces sería una oportunidad perfecta para entender qué puedes mejorar y hasta incluso preguntarle a alguna persona por qué te están diciendo que NO.

Yo siempre quería entender a O.J. Simpson y por qué no podía venir. Me preguntaba qué tenía que hacer yo para poder convencerlo de que viniera.

Hasta que entendí que era un asunto de TIEMPO. Era, en la mayoría de los casos de todos estos retrasos que tuve con él, que en verdad no tenía tiempo. Hasta que llegó finalmente.

¡No era yo! Era cuestión de tiempo...

Y, finalmente, el cuarto punto de todo esto es:

Piensa siempre en una estrategia de seguimiento.

En vez de decir "Ok, llámeme cuando usted pueda" (que podría convertirse en un nunca) con Simpson, yo tomé el control en mis manos.

Toma tú el control. Atrévete a preguntar: "¿Cuándo te puedo llamar de vuelta?", "¿cuándo podemos volver a hablar?", "¿cuándo me permitirías volver a intentarlo?", "¿cuándo podemos conversar de nuevo?".

Anótalo todo.

Escríbelo como pendiente y, pacientemente, si ese pendiente cambia de fecha, cámbialo tú de fecha por escrito para que te vuelva aparecer y te puedas acordar. Hazlo con una disciplina casi militar. No confíes en tu memoria.

Fíjate que, desde hace tiempo, tengo la obsesión de anotarlo todo. Te aconsejo que escribas, en una libretita, en *post it notes*, en el celular, o en agendas electrónicas muy sofisticadas o en simples papelitos, ¡todo! Es y será la única manera en que podrás llevar control de lo que necesitas hacer y recordarlo. Te lo digo claramente: si yo no hubiera anotado y cambiado de fecha mi anotación del día en que tenía que llamar a este personaje, estoy seguro de que se me habría olvidado y no habría alcanzado mi objetivo... así que te repito, por favor: ANÓTALO TODO.

Finalmente:

Evita dejar el control de tus sueños en manos de los demás.

El control de una meta, de una misión, de un objetivo, no debe estar en manos de los demás, porque ellos no van a tener el interés que tú tienes en que eso se logre.

Tu futuro está en TUS manos, no lo olvides.

Capítulo 15

Cuando nadie te dé la oportunidad, créala tú

"La perseverancia no es una carrera de largometraje; sino muchas carreras cortas, una tras de la otra", Walter Elliot

SÉ PERSEVERANTE

Con el paso del tiempo resultó que mi programa de radio, *Íntimo*, era cada vez más aceptado. Al público desde el principio le encantó escuchar las historias cotidianas de la gente y, al mismo tiempo, las personas se emocionaron al poder compartir su historia de vida conmigo y me pedían mi opinión como amigo.

Íntimo es un programa de radio dentro de un formato increíble e "íntimo" y me ha llenado mucho desde mayo de 2006 cuando inició hasta la fecha. Luego de hacerlo por varios años en las noches de lunes a viernes, en 107.5 Amor pasé a conducir el horario del mediodía, de 11 a. m. a 3 p. m., enfocado más en acompañar a la gente en su día de trabajo con música, entretenimiento y concursos. Entonces

Íntimo se mantuvo los fines de semana, transmitiéndose en más de 30 ciudades de los Estados Unidos.

Desde el principio supe que tener el privilegio de conectar así con la gente era único, tan único que de pronto me di cuenta de que yo quería expandirme hacia la televisión.

Yo sabía que existía esta oportunidad, no solamente de crecer mi carrera, sino para aumentar el impacto y la manera en la que podía apoyar y ayudar a otras personas con un mensaje de esperanza, y qué mejor que abrirme a la exposición en la televisión.

Quería por supuesto aprovechar el hecho de ser parte de Univision Radio, pues se trata de la misma compañía que maneja la cadena de televisión.

Así que empecé a tocar puertas. Sabía lo que era buscar y encontrar a diferentes personas que en su momento me habían impulsado y apoyado en mis inicios en la televisión, primero a colaborar en segmentos en programas como *Tu Desayuno Alegre* y *Despierta América*. Por lo que sentí que era el momento de tocar puertas más grandes para no solamente ser un colaborador con segmentos de inspiración, sino desarrollar el deseo de convertirme activamente en conductor de televisión.

Me contacté con personas a las que quería contarle lo que yo quería lograr y a solicitar reuniones con diferentes ejecutivos dentro de Univision. Lo que yo quería hacer, primero, era acercarme a la gente de los programas nacionales, hablándoles de lo contento que estaba respecto a trabajar con ellos como colaborador ocasional, pero que me gustaría también poder conducir algo...

Pues nada, que me dijeron, de una forma muy sutil y educada, que cuando surgiera la oportunidad me avisarían... una manera muy sutil de decirme NO.

Y aun cuando yo lo tomé de la mejor manera, continué. Cada vez que tenía oportunidad de interactuar en diferentes eventos me acercaba. Más adelante les enviaba un correo electrónico y les expresaba mi deseo de conversar con ellos para plantearles mis inquietudes.

Recuerdo perfectamente cuando una vez hablé con el presidente de Univision en aquel entonces, quien amablemente me ofreció asistir a una reunión. Le expresé cuánto deseaba poder desarrollarme como conductor de televisión y, atentamente, muy muy amablemente, me dijo que no, que no existía ninguna oportunidad en ese momento, pero que cualquier cosa me lo comunicarían inmediatamente.

Después me refirió con un vicepresidente quien también me dio la reunión y muy amablemente me dijo: "Gracias por dejármelo saber. Si aparece algo, te avisamos".

Nadie usaba la palabra NO, pero todo el mundo tenía muy claro el mensaje, de que, en ese momento, no había una oportunidad para mí. Y cómo los vas a culpar, si cada quien estaba haciendo su trabajo, yo no era parte de sus prioridades...

Poco a poco tuve que tomármelo de la manera más deportiva posible. Tenía que no solamente ir mejorando la destreza de solicitar estas reuniones, sino mejorar mi forma de expresar el por qué me apasionaba tanto la televisión, cuál era el mensaje que yo quería comunicar, por qué sentía que yo era un buen elemento para esto.

Incluso recuerdo la ocasión en la que a una persona, que recién había sido promovida a un cargo importante, le pedí por correo electrónico si me podría atender para contarle un poco de las cosas que quería hacer:

—Sí, con mucho gusto —me dijo—, pero solo tengo 15 minutos para ti.

No me cayó muy bien esa gracia pero lo acepté de manera muy deportiva, y dije "pues jugaremos en la cancha 15 minutos". Y, efectivamente, jugué en esos 15 minutos pero no hubo un gol para celebrar.

Con el paso de los años, en medio de las mismas sutilezas, no apareció el más mínimo interés en darme ningún tipo de oportunidad.

Pero no me rendí. Seguí haciendo mi trabajo, un trabajo de tiempo completo dedicado a la radio, seguía como colaborador con segmentos para televisión y... ¡Sin darme cuenta!, en un abrir y cerrar de ojos, ¡ya habían pasado 10 años!

Diez años desde mi primer intento y la primera reunión donde le pedí a alguien, sin éxito, que me ayudara a convertirme en conductor de televisión.

Con tanto tiempo que había pasado, créeme que estaba cansado, desilusionado y, en ocasiones, desmotivado de seguir adelante. Pero, en medio del pesimismo, hacía un esfuerzo por sacudirme lo negativo porque la meta estaba clara: yo quería ser conductor de televisión. Así que hice un esfuerzo por sustituir los momentos de pesimismo, por lo que yo llamo un "optimismo realista".

Esto me llevó al punto en el que decidí utilizar un camino diferente y empecé a hacerme otro tipo de preguntas.

¿Será que a lo mejor he estado hablando, todos estos años, con gente que no conoce suficiente de mí?

¿Podría ser que el rechazo fuera porque nunca han trabajado conmigo y yo era una especie de "semidesconocido" para ellos?

¡Claro, eso es!, me dije.

Por más que yo hacía y me presentaba con las mejores intenciones y planes, aun sabiendo dentro de mí que nunca les iba a fallar, las otras personas ¡no me tenían suficiente confianza! No había una profunda relación como para que estas se sintieran cómodas dándome una oportunidad...

Entonces, ¿cómo podía crear yo mismo una oportunidad de hacer televisión donde me conocieran y confiaran plenamente en mí?

Recuerdo haber tenido una conversación con quien ya era mi agente, Kraig Kitchin. Era la persona encargada de ayudarme en el proceso de negociar mis contratos y ayudarme a evaluar oportunidades. Por años Kraig ha sido de gran apoyo, no solo desde el punto de vista profesional sino del punto de vista personal también.

—Kraig, yo creo que a lo mejor sería una buena idea aprovechar que estamos en el proceso de renovar mi contrato con la radio para tener una conversación sincera con mi jefa (Claudia Puig, quien por tantos años me había apoyado en mi trabajo de radio) y hablarle de la inquietud que tengo de hacer televisión. Ella está a cargo del canal de televisión local y conoce lo que soy capaz de hacer.

Si la tele no viene a mí, entonces yo iré a la tele... y que me perdone el que inventó la frase de Mahoma.

Efectivamente, estuvo de acuerdo y Kraig y yo comenzamos a planear...

¡Fue impresionante la manera tan distinta como fluyó ese proceso!

A las dos horas habíamos creado una visión de lo que podía ser un programa local, conducido por mí, pensando exactamente en el horario en el que ese programa se podría transmitir, de qué se podría tratar, cómo podríamos hacer un impacto importantísimo en nuestro mercado local, cómo conseguir anunciantes, cómo incluso permitir que la compañía ganara más dinero a través de esta oportunidad.

Kraig y yo comenzamos a conversar con Claudia sobre esto y resulta ser que la idea que traíamos ¡coincidía con algo que ella por largo tiempo tenía en su mente!

El objetivo era encontrar más oportunidades para impactar positivamente con nuestra voz en el público de Miami; nuestro público.

En otras palabras, cuando nuestra idea específica empezó a tomar forma, ocurrió, como dicen en Inglés, un *match made in heaven*.

Nos dimos cuenta, gratamente, que tanto Claudia como nosotros estábamos perfectamente alineados para hacer algo de esas características. Y así, a partir de estas conversaciones y a partir de un nuevo contrato con Univision, Claudia incorporó a su mano derecha y vicepresidenta de operaciones, Mónica Rabassa, una querida amiga que ha sido clave para mí y mi carrera. También invitó a David Barski, ex ejecutivo de Univision y uno de los mejores creativos de la televisión hispana en los Estados Unidos, para convertirse, junto con nosotros, en cocreador de este concepto.

De un momento a otro, las cosas empezaron a fluir de manera impresionante...

De un momento a otro, estábamos sentados hablando acerca de las características que tendría el programa...

De un momento a otro, David traía diseños iniciales de cómo luciría la escenografía...

De un momento a otro, empezamos a conversar de quién podría ser la copresentadora del programa, y...

De un momento a otro, estábamos en la oficina de Mónica, Claudia y yo, los tres lanzando nombres para el posible programa.

David había traído la idea de que el programa estuviese hecho alrededor de un ambiente de "tomar café". Recuerdo hablar también de cómo el programa iba a tener información útil para la gente basada en las noticias que iban ocurriendo en Miami y yo recuerdo haber unido las palabras: *news* y café. En esa reunión terminé diciendo:

—Y, ¿qué tal si le ponemos un "el" en español?

De allí me vino la idea de llamarle *El News Café*.

Fue impresionante y hasta mágico cómo se fue dando todo. A partir de la iniciativa que yo traía, pero con la ayuda y creatividad de todo un equipo fantástico, nació *El News Café*. Así es como te puedo decir, sin lugar a equivocarme, que:

CUANDO NADIE TE DÉ LA OPORTUNIDAD, CRÉALA TÚ

A partir de la idea, las cosas empezaron a fluir de manera completamente diferente: aprovechamos mi presencia en la radio para apalancar el lanzamiento del programa de televisión, los patrocinadores que ya existían en el programa de radio, invitándolos a participar en televisión…

¡Y ahí estaba una vez más!, repitiendo algo con lo que había experimentado por mucho tiempo: tomar una especie de "trabajito" y convertirlo, una vez más, en algo grande; igual que cuando siendo productor en la radio de Miami, pedí una oportunidad para ser locutor al aire…

Sucedió que, por primera vez, después de 10 años, recibí un pago por conducir un programa de televisión. Allí fue cuando se sintió oficial. No porque yo estuviese haciéndolo específicamente por dinero (que me venía muy bien), sino que el haber recibido ese primer cheque era una señal muy contundente de que esa meta se había logrado. Y una prueba más, para ti y para mí, de que si tenemos la certeza, la seguridad de que podemos lograr algo… lo vamos a lograr.

Por supuesto que los retos no faltaron; no se hicieron esperar… El lanzamiento del programa fue superdifícil, pero tuve la gran suerte de poder traer a una querida amiga, que mucho antes me había apoyado en su programa *Tu Desayuno Alegre*, Patricia Gutiérrez, para que se convirtiera en la primera Productora General del programa. Desarrollamos una química de trabajo extraordinaria: nos pusimos a inventar segmentos, a crear ideas, a escribir listas de posibles colaboradores, etcétera.

Al superar los cinco años del programa, calculamos que habíamos realizado más de 1,500 programas en vivo con aproximadamente 6,000 entrevistas a expertos en diferentes áreas que ayudan a nuestro público a simplificar y mejorar su vida. ¡Y ni qué hablar del haber tenido que desarrollar la disciplina de levantarme de lunes a viernes a las 4 a. m.!

No faltará el que diga "¿de dónde salió ese Alberto Sardiñas que ahora es conductor de televisión?". Porque a muchos les gusta simplificar el éxito. Tú y yo sabemos muy bien de dónde vino nuestro éxito: de nuestra disciplina y de no rendirnos ante el rechazo.

Nos tomó cinco años para que *El News Café* estuviera nominado al Emmy Regional, como te conté al principio del libro.

Te voy a platicar de una persona, un buen amigo que siempre me ha dado buenos consejos y a quien le estoy sumamente agradecido de varias conversaciones en mi vida. Se trata de Luis Balaguer, un empresario del entretenimiento de muchos años de la ciudad de Miami, que desde hace más de 20 años ha sido socio de negocios de Sofía Vergara. Él me habló de la importancia de crear tú mismo las oportunidades cuando no nos llegan.

Sofía Vergara, la exitosa actriz colombiana a quien conocemos todos, se dio a conocer en el mundo latino a través de la publicación de sus calendarios. Posteriormente condujo programas en Univision por muchos años y luego pasó al mercado americano, primero haciendo películas para luego consagrarse interpretando al personaje de Gloria Pritchet en la famosísima serie *Modern Family*. Actualmente, no solamente es una de las juezas de *America's Got Talent*, sino que se dedica a ser vocera de infinidad de productos y servicios tanto de terceros como de sus propias marcas.

Nunca se me olvidará cuando Luis me contó acerca de Sofía:

Me dijo que la manera de encontrar las grandes oportunidades para Sofía en el mercado americano se dio a través de crear las oportunidades relacionadas con quien es *realmente* ella y, por lo tanto, se pudiera sentir como pez en el agua. A través de sus relaciones de muchos años en Hollywood, Luis logró convencer a productores y escritores de crear personajes pensados específicamente en Sofía en donde fuera lógica, para la persona, la idea que se le estaba planteando. En vez de quejarse de que las oportunidades para ella no existían, ellos como equipo se enfocaron en crearlas.

Así que definitivamente el consejo de que te doy a ti que me lees:

¿De qué me puede servir todo esto, Alberto? ¿Cómo puedo llevar a la práctica los consejos que me compartes?

Número uno, hay que aceptar que las cosas siempre tardan más de la cuenta. Tú establece tus metas específicas de tiempo, pero ten en cuenta la flexibilidad que hace falta para aceptar que las cosas pueden tardar más de lo que quisiéramos.

Lo segundo es aceptar que la vida es injusta y punto.

No porque yo tenga más años que otra persona pidiendo oportunidades, me va a tocar primero. En mi caso me pasé años pidiendo una oportunidad en la televisión, y estoy seguro de que ha habido mucha gente que llegó a las oficinas de estos ejecutivos mucho después que yo y les dieron la oportunidad mucho antes que a mí. Simplemente porque era la persona correcta en el momento correcto cuando ellos llegaron.

No tiene sentido que nos quejemos, ni vale la pena retroceder para saber con quién se fue justo y con quién se fue injusto.

La gente se queja respecto de las pocas oportunidades que tienen en sus trabajos, cuando en realidad lo que hay que hacer es ¡buscar las oportunidades! Y si no hay ¡hay que inventarlas!

El enfoque debe ser que en nuestros trabajos usemos nuestra energía para luchar por lo que queremos, no para quejarnos de lo injusto que es lo que no hemos logrado.

Finalmente, si te siguen diciendo que no y no y de plano NO te llega la oportunidad:

¡BUSCA CÓMO LA PUEDES CREAR!

Busca cómo puedes adaptar la visión de lo que quieres lograr. Esa visión de vender cierto producto, dedicarte a cierto negocio, dedicarte a un arte, dedicarte a un trabajo de finanzas... Trata de encontrar cómo puedes plantearle a alguien una oportunidad que sea perfecta para ti y que sea de beneficio para otros.

Recuerda que, al fin y al cabo, como decía la frase de Walter Elliot, la vida es una carrera de resistencia y no de velocidad.

Para apoyarte en el proceso de acostumbrarte al "no" y descargar nuestra guía gratis para sobrellevar el rechazo y lograr tus sueños, visita **www.ElSiDetrasDeUnNo.com**

Clave IV

ACUMULA HORAS DE VUELO

Capítulo 16

No triunfa el más talentoso, sino el más preparado

> *Siempre he pensado que la gran diferencia entre el éxito y el fracaso, está marcada por cuánto nos preparemos.*

Soy más atlético de mente que de cuerpo... pero tú entiendes el mensaje.

PREPÁRATE

Creo que la distancia entre las probabilidades de éxito de una persona que se prepara y una persona que no es impresionantemente grande. Si tú quieres aumentar tus probabilidades de éxito, ¡no queda de otra más que prepararte!

Hoy en día se habla muy poco de la preparación porque lo que se ve es el resultado final. Sobre todo en el mundo de las redes sociales donde el contenido es cada vez más corto, donde se impacta con cosas pequeñas, donde ahora todo son *reels* en Instagram, donde estamos metidos en Tik Tok... nunca nos enteramos de cuántos desvelos padeció esa persona para lograr ese éxito, para hacernos reír, para construir su negocio, sino que estamos solamente enfocados en el resultado final.

Es crucial entender que no importa el objetivo que queramos alcanzar o el propósito que tengamos en la vida o lo que queramos cumplir... ¡Necesitamos prepararnos de una manera apasionada para lograrlo!

Podemos tener mucho talento, pero si no nos preparamos practicando, intentando, educándonos, observando el éxito de otros, entendiendo las técnicas de otros, no vamos a llegar a ningún lado, y yo estoy 100% convencido de que en esta vida no se triunfa por ser el más talentoso sino que se triunfa por ser el más preparado.

En mi caso esto empezó durante el primer año de la Universidad. Me comenzó a llamar la atención la radio por la experiencia temporal que mi papá había tenido haciendo su programa. Me di cuenta de que era un medio que me atraía muchísimo y la pasión por comunicar a través de la radio fue algo que, definitivamente, busqué intensamente desde muy temprano.

Ahora bien, no te dejes llevar por la edad porque la misma pasión que yo tuve a los 17 años es la pasión que tú puedes tener. Es uno de mis propósitos especiales a lo que te invito a vivir en este libro... Nunca es demasiado tarde para empezar; para sentir esa pasión y tomar acción respecto a ella...

Durante este primer año de la universidad, me entró la inquietud de cómo podía aprender de radio y cómo podía practicar dentro de esta área. Al conversar con la persona encargada de las instalaciones de la radio dentro de la escuela, me dice:

—Desafortunadamente, la clase de radio no se imparte sino hasta el tercer año de la carrera.

¡Eso quería decir que tenía que pasar dos años enteros sin ver radio, sin practicar radio, sin aprender acerca de la radio, sin tomar una sola clase de radio!

"Yo quiero aprender radio **ahora** y lo voy a hacer de alguna manera", pensé.

En ese momento se me ocurrió la idea de practicar alquilando un estudio de producción de una radio comercial. Cuando averigüé lo que valía alquilar por hora el estudio en una radio A.M. en Caracas, ¡casi me desmayo! Entendí que no me iba a alcanzar con el poquísimo dinero que tenía como cualquier joven de 17 años.

Entonces, convencí a tres compañeras de Universidad a que fuéramos a practicar y que lo pagábamos entre los cuatro. Evidentemente, el precio se redujo a una cuarta parte y ya tenía mucho más sentido.

En ese momento aprendí que nunca debemos usar la falta de dinero como excusa para dejar de hacer las cosas y que siempre hay una forma creativa de darle la vuelta a la situación para ponernos en el lugar que queremos.

Así que los fines de semana nos íbamos una hora a practicar y a grabar; hacer segmentos de radio, de entretenimiento, presentando música, etcétera, etcétera...

Lo interesante de esto es que, aunque éramos cuatro adolescentes aparentemente "jugando" a hacer radio, esto funcionó para mí increíblemente bien porque a los pocos meses surgió la primera oportunidad de estar en una radio comercial al aire a través de mi amigo Eduardo Rodríguez Giolitti y Ramón Pasquier.

Muchas veces en la vida nos estamos preparando y no sabemos exactamente para qué.

Dicen que el mejor concepto que existe sobre la suerte es que la suerte no proviene del azar. No tiene que ver con jugarse los números en la lotería sino que:

La suerte es cuando se cruzan la oportunidad con la preparación.

Esta es la razón por la cual uno debe prepararse. La preparación es la única forma de mantenerse varios pasos más adelante que los demás.

Yo te invito a que te apasiones con la preparación. Aunque no sepas cuál es la meta, debes estar preparado y eso será lo que, eventualmente, te abrirá las puertas.

Una de las cosas que comprendí, afortunadamente en una época temprana en mi vida, es que una de las formas de prepararse es LEER. Es interesante cómo los libros que he leído reflejan las diferentes etapas de mi vida y las preocupaciones referentes a los diferentes objetivos que tenía en esa época y que con el tiempo han cambiado.

Mientras escribía este libro me dio la curiosidad de ver cuánto podía yo retroceder en mi cuenta de compras de Amazon. Me llevé una grata sorpresa al ver todo lo que pude retroceder y recordar cuáles fueron mis primeras órdenes de libros pues reflejan lo que yo necesitaba para prepararme específicamente en ese tiempo, de la misma manera que muestra claramente los objetivos que deseaba alcanzar.

Por ejemplo, encontré que, en la época de la universidad, compré un libro que se llamaba *The Franchise Fraud* (El fraude de las franquicias) y la razón de la compra de ese libro fue que mi papá, mis hermanos y yo explorábamos la posibilidad de adquirir una franquicia de comida en Venezuela. Y eso nos llevó a tener conversaciones con una empresa americana. Resulta ser que cuando finalmente nos dieron la reunión, yo hice una búsqueda de franquicias en Amazon y compré dicho libro. Pagué un extra para que me llegara lo más pronto posible a Caracas antes de viajar a Estados Unidos a la junta.

A través de este libro conocí todas las advertencias de que una franquicia podía ser un fraude o simplemente una mala idea económica. Este libro nos salvó de que mi papá y nosotros, como familia, invirtiéramos en una franquicia que definitivamente nos iba a dejar con una mano adelante y una mano atrás.

Dos de los libros que compré posteriormente fueron *How to Prepare for the TOEFL*, y *Teach Yourself the TOEFL in 24 Hours with CD-ROM* (para prepararse para presentar el examen de dominio del inglés como idioma extranjero). Es curioso cómo recordé que al leer estos títulos ya había tomado la decisión de venirme para los Estados Unidos, con la ayuda de mis papás y con algunos ahorros, pero había que hacer el examen de inglés como idioma extranjero. Me acuerdo cómo lo tuve que presentar y, para eso, me prepararé muy pero muy bien. Lo aprobé a la primera, gracias a Dios.

Seguí con los recuerdos de mis libros adquiridos y llegué al *KAPLAN GMAT 2000-2001*. Las siglas GMAT significan *Graduate Management Admission Test*, que es el examen que se realiza para poder entrar a un posgrado en negocios.

Me pareció increíble darme cuenta de que al mismo tiempo que estaba haciendo mis planes para mudarme a Estados Unidos encontré, en esta mi historia de Amazon, que estos libros me ayudaron a lograr mis objetivos en ese momento.

Ya en Estados Unidos, el siguiente libro que me llamó la atención en mis compras pasadas fue *Radio Syndication: How to Create, Produce, and Distribute Your Own Show*, de Scott B. Deweese, que se trataba de cómo producir tu propio programa de radio. Y eso me recuerda inmediatamente las ganas que tenía de participar en mi primer programa de radio y de llevarlo a nivel nacional.

Después de eso compré un libro que se titulaba *Sound and Look Professional on TV and the Internet* (Cómo sonar y verse profesional en la televisión en el internet) de Michelle McCoy; y luego encontré un libro que era una reseña de todos los conductores de *talk shows* más importantes de los Estados Unidos: *TV Talk Show Hosts (Who Are These People Anyway).*

¡Todo estaba alineado en esa tienda de Amazon con lo que me estaba sucediendo en ese momento! Pude ver claramente, primero, la preparación para después recordar cuánto esfuerzo y tiempo me tomó haber logrado alcanzar cada escalón.

Luego me apareció un libro que a mí, definitivamente, me cambió la vida y que fue escrito por Mark Burnett, uno de los productores más importantes de la televisión de los Estados Unidos. Se titula *Jump In!: Even If You Don't Know How to Swim* (Salta incluso si no sabes nadar). Este libro habla de tomar riesgos, de atrevernos a hacer las cosas aun cuando no entendamos o sepamos totalmente qué va a pasar y aun cuando no nos sintamos 100% preparados.

¡TOMA RIESGOS!

Esto me lleva a un *output* importantísimo que te quiero compartir y quiero que lo tomes y lo hagas tuyo sin miedos:

Por más que te prepares, nunca vas a sentir que estás al 100% preparado porque no lo vas a estar.

Lo único que te queda, desde el punto de vista de la preparación, es: absorber tanto como puedas…

leer tanto como puedas…

ver ejemplos de otras personas tanto como puedas…

preguntar tanto como puedas…

pedir tantos consejos como puedas…

Y, finalmente, repetir y repetir el proceso. Practicar y practicar hasta no poder más. Dominar una disciplina requiere de repetición y muchas veces es aburrida y desesperante, pero es fundamental para el éxito.

¿Para qué, Alberto?

Para que siempre estemos lo más preparados posible (aunque nunca será suficiente).

En mi labor actual leo libros del autor que voy a entrevistar y los de más alto perfil o con los que me identifico ¡más los investigo! No solo leyendo sus libros sino investigando en Internet, viendo sus conversaciones con otras personas que los han entrevistado, leyendo artículos, con la idea de saber suficiente sobre la persona para de verdad encontrar lecciones profundas.

Te cuento un ejemplo: Myrka Dellanos, presentadora, periodista, autora de varios libros y conductora de televisión. Ella cuenta con muchos premios otorgados a personalidades del periodismo y la televisión. Después de ocho años alejada de la televisión, regresó recientemente con el programa *La Mesa Caliente,* en Telemundo. Myrka fue protagonista en 2008 de un problema de agresión doméstica por parte de su expareja, quien finalmente fue arrestado. Tuve la oportunidad de entrevistarla una vez que ya se habían calmado las aguas. Ella venía a promover una campaña muy positiva relacionada con los valores y la fe. La experiencia de violencia, se trataba de un tema delicado, pero yo sentía que allí también había lecciones para todos.

Lo que yo hice fue, antes que nada, prepararme muchísimo. Conocer al pie de la letra la campaña que venía a promover y también lo que había sucedido, porque mi intención no era "sacar un chisme", sino "sacar una lección de vida". Hablamos de muchas cosas. Y luego, con respeto y con sensibilidad, pude abordar el tema. Fue así que me pude ganar su confianza. Cuando por fin hablé del abuso doméstico, ella lo tomó con la mejor actitud pues había notado que conocía todo acerca de ella y entendía mi intención. Fue una conversación definitivamente llena de lecciones de vida para mí y para el público.

Otro ejemplo sería el del Padre Alberto Cutié, querido amigo y colega que era sacerdote católico y que se enamoró. Un buen día se publicaron fotos de él en la playa, con su pareja. El Padre Alberto abandonó la Iglesia Católica y se pasó a la Iglesia Episcopal que le permitía casarse. El asunto se convirtió en un gran escándalo de farándula. Con el pasar del tiempo, tanto el Padre Alberto como su ahora esposa, Ruhama, acudieron juntos a mi programa y hablamos de todo esto con total apertura, gracias a que me había preparado muy bien, lo que me permitió abordar el tema con el respeto de conocerlos y comprenderlos como seres humanos.

Cuando tuve la oportunidad de entrevistar a Don Francisco con motivo de su libro *Con ganas de vivir*, me lo leí de arriba abajo, completo, para estar preparado... lo mismo cuando entrevisté a Luz María Doria, mi gran amiga y mentora, autora del libro *La mujer de mis sueños.*

Yo te invito a que te prepares para lo que sea.

¡Hay tantas otras cosas en las cuales te debes preparar!

O sea, si tú vas hablar con un cliente para tratar de venderle algo, necesitas conocer lo más posible acerca del cliente y, luego de eso, preguntarle sobre sus necesidades.

Si tú vas a una entrevista de trabajo, necesitas entender a la empresa que te podría contratar, buscar en LinkedIn a la persona que te va a entrevistar; necesitas preparar tu currículum, que tu *résumé* esté alineado de alguna manera al sitio donde vas a ir; que se muestren las características que deseas destacar. Recálcalas todas en tus currículum, que vaya acorde con el tipo de persona que van a necesitar en ese lugar, siempre diciendo la verdad, no metiendo cuentos, ¡todo esto es parte de la preparación!

Te invito, primero que nada, a que te apasiones con tu arte, con tu ciencia, con lo que tienes que ofrecer.

Hay un par de ejemplos notables que me encantaría compartir contigo. Uno de los *influencers* más importantes es a la vez uno de los creadores de videos más grandes del mundo; se llama MrBeast quien tiene más 150 millones de suscriptores en YouTube.

En varias entrevistas, él ha explicado cómo se obsesionó con la plataforma de YouTube y la forma en que realizó innumerables análisis hasta concluir qué era lo que le traería resultados. Entonces, mientras todo el mundo consideraba a MrBeast como un tipo divertido que hacía retos, en verdad él estaba obsesionado por entender qué portada de YouTube llamaba más la atención, qué descripción era la que iba a captar la mirada del público, qué tipo de toma funcionaba mejor... Se preparó tanto que se convirtió en el *Youtuber* más importante del planeta.

Cuando hace muchos años, un grupo de compañeros de la radio, iniciamos la creación de nuestras páginas de Facebook ¡nos dedicamos de manera superapasionada a entender cómo podíamos crecer el alcance de nuestras páginas y las de las emisoras de radio donde trabajábamos! El haber entrado temprano a ser parte de Facebook, el haber estudiado la plataforma, el haberme enamorado con la idea y prepararme para materializarla lo mejor posible, es lo que me llevó, hoy en día, a que nuestra comunidad de Alberto Sardiñas allí sea más de más de 2 millones y medio de personas. Nos preguntábamos qué era lo quería ver el público y, en mi caso, estar seguro, segurísimo, que se transmitiera correctamente el mensaje inspiracional.

Y me acuerdo que ahí estábamos, mis queridos y grandes amigos y compañeros de la radio: Santiago Franco, Danny Cruz, Javier Soto, Eric Rivera, Luis Enrique "El Chikillo", todos constantemente probando y tratando de entender qué era lo que estaba pasando en las redes sociales para crecer nuestras diferentes páginas, tanto de las emisoras como las nuestras personales. Y fue esa investigación, esa pasión, es decir, entender la plataforma ¡Y LA PREPARACIÓN QUE TUVIMOS! para acomodarnos en Facebook y crecer.

DESARROLLA UN PLAN FLEXIBLE

Mi segundo consejo en este tema es el siguiente:
Yo te invito también a que planifiques.

¡Planifica lo más que puedas pero sé flexible!

Ese es el caso de un *influencer* a quien admiro mucho y que se llama Luisito Comunica, uno de los *YouTubers* hispanos más importantes del mundo con más de 90 millones de seguidores. En una entrevista en el *podcast* "Cómo funciona tu negocio" de Juan Lombana, habló acerca de cómo planea cuando va a hacer un viaje y va a grabar videos de YouTube. En cada viaje, él tiene un plan de qué videos pretende realizar, pero también explica cómo improvisa sobre la marcha. En esta entrevista conversa acerca de un viaje que realizó a la India. Traía preparado un plan y una investigación bastante completa de las cosas que deseaba resaltar. Sin embargo, de pronto notó cómo la gente tiene la costumbre de masticar una especie de tabaco y que le deja los dientes rojos. En ese momento, Luisito le dijo a su equipo que le pasaran otra camiseta, y que iba a grabar un video completo de eso que acababa de descubrir. Cuando encuentra nuevas oportunidades, se adapta y lo va cambiando.

Si nosotros estamos muy preparados pero no somos flexibles en nuestro plan, es probable que nos podamos llegar a frustrar mucho porque los planes cambian.

¡Hay que planificar; hay que estar muy preparados, pero, al mismo tiempo, necesitamos ser flexibles en nuestro plan!

Como consejo número tres:

¡MIRA BIEN DÓNDE ESTÁS PONIENDO TU DINERO!

Haz el ejercicio tú también y date un clavado a ver qué encuentras en tu carrito de compras de Amazon o eBay para que recuerdes lo que has comprado.

No tiene que ser todo pero trata de que como mínimo un 10% de lo que compras... de tu *shopping*... esté dedicado a que aprendas algo nuevo, a material interesante, a documentos que te ayuden a prepararte.

Finalmente, tienes que ver bien dónde estás poniendo tu tiempo.

Al momento de terminar de trabajar, cuando ves que el día se acabó, cuando ya llegaste al momento tranquilo del día...

¡PIENSA BIEN CON QUÉ ESTÁS NUTRIENDO TU CEREBRO!

No te voy a decir con esto que no debes ver una buena serie de misterio o de acción. ¡Para nada! A mi esposa y a mí nos encantan los documentales de misterios y asesinatos, por puro entretenimiento y curiosidad.

Pero siempre, algún día durante la semana, o un ratito en la noche o varios días a la semana si es posible, me pongo a leer. Uso mi tiempo para aprender algo, trato de escuchar un *podcast* en camino al trabajo, o leer un poco de un libro aunque avance muy lentamente antes de dormir.

Por lo que es esencial que mires bien dónde estás invirtiendo tu tiempo en función de tener un avance continuo en tu preparación. La suerte existe pero debe de encontrarnos preparados.

Capítulo 17

Siéntete cómodo
con lo incómodo

¿cómo voy a hablar frente a la cámara?

LISTO PARA LA CÁMARA

Nunca se me olvidará la primera vez en mi vida que puse un pie en el set en un estudio de televisión para aparecer en cámara y hacer un segmento. A pesar de que estaba preparadísimo con los puntos del tema de lo que quería hablar y con la certeza de que lo que traía para el público era algo sumamente valioso, yo estaba, por dentro, muriéndome de los nervios.

Me preguntaba:

"¿Cómo lo voy a hacer?, ¿cómo me voy a ver?, ¿cómo voy a hablar frente a la cámara?, ¿cuál será el resultado de esta primera vez que estoy en televisión?".

El tema a tratar con la gente que me iba a escuchar y ¡ver! era algo así como *Cómo actuar de manera más segura en sus vidas*, y yo sintiéndome sumergido en medio de todas mis inseguridades que generaba esta primera vez.

Me recuerdo vívidamente ahí, entrando por la puerta del estudio, cuando de pronto, ¡zaz! Me doy cuenta de la reacción más extraña de mi cuerpo. Sudor. Me puse a sudar como loco.

—Creo que debes relajarte un poco, Alberto —me dijeron muy amablemente las maquillistas—. No te preocupes, te va a ir muy bien.

—¿Preocupado yo? ¡Para nada! Estoy tranquilísimo. De hecho no sé cuál sea la razón por la que estoy sudando si todo lo tengo bajo control —respondía tratando de no mostrar un gramo de inseguridad.

Fui un maestro en esconder que me moría de nervios. No me temblaba la voz, no titubeaba, yo sonreía, contaba chistes, era amable, agradable, pero ¡el sudor me delataba! La realidad era que ¡me estaba muriendo de nervios!

—¡Preparados para ir al aire! —una voz se escuchó.

Yo estaba esperando mi turno en mi camerino, cada vez más nervioso.

—Ya casi es tu turno, ¿estás bien?

—Perfectamente.

—Pero estás sudando mucho, mira cómo has puesto la camisa.

Y me volteo a ver y la camisa estaba empapada en sudor, y yo me sentía por demás incómodo (me es incómodo hasta recordarlo). Era tanto el sudor que mi cuerpo expedía que tuve que pedir a unos de los maquillistas que me prestara un secador de pelo para que, el calor de este, me permitiera secar un poco la camisa que me tuve que quitar y poner en un gancho para tratar de acomodarla.

—¿Ya estás mejor?, ¿más tranquilo? —me preguntó alguien.

—Pero si yo estoy de lo más sereno, de lo más tranquilo. ¡No sé qué pasa con este sudor, no tengo ni idea de por qué estoy sudando tanto!

Por fin llegó el momento de pasar al set. Y yo, más me moría de nervios. Pero era solo el cuerpo el que me delataba, por fuera, caminaba con seguridad, con aplomo, sabiendo y estando confiado en lo que venía a hacer.

—Bienvenido, Alberto, pronto entraremos al aire... —me dijeron ya sentado en el set. Respiré profundo. De pronto vi cómo el director dio algunas instrucciones para indicar a las maquillistas que pasaran a secar mi sudor del rostro, y yo seguía con mi sonrisa.

—¡Ay, pero no sé qué pasa que estoy sudando tanto! ¡Ha de hacer mucho calor! —seguía mintiendo para ocultar mi estado.

¿Y por qué por dentro me estaba muriendo de los nervios? Porque para mí, hacer un segmento en la televisión era algo completamente nuevo. Y, por más que tratara de disimularlo, mi cuerpo daba señales de cómo en realidad me estaba sintiendo.

—Vamos al aire en 3, 2, 1—escuché voces de lejos como viniendo desde otra dimensión.

"Estoy listo", me dije a mí mismo en silencio mientras vi cómo se prendía el foquito de la cámara: señal que habíamos empezado a grabar.

Y ahí me tienen. CO-MO-DÍ-SI-MO hablando ante las cámaras del tema que traía preparado y brindando consejos a la audiencia de cómo lidiar con los problemas difíciles, de cómo sentirnos más seguros en nuestras relaciones, en general, de varios temas relacionados con MOTIVAR A LAS PERSONAS CON SU SENTIDO DE SEGURIDAD, todo esto, dentro de mi propia monumental inseguridad de ese momento.

Al terminar el segmento me levanté de mi lugar y me encaminé adonde se encontraba el equipo de producción y noté que todos sonreían, me felicitaron, me alentaron y me di cuenta de que todo había salido bien. ¡Muy bien!

Pero yo, en mi interior, esa vocecita me seguía molestando: "¿Cómo habrá quedado el segmento?, ¿me habré visto bien?, ¿habré respondido las preguntas correctamente?, ¿me extendí mucho?, ¿habré sido claro?, ¿se habrá notado mis NERVIOS?".

La inseguridad a todo lo que daba. Inseguridad interior pero infundada. ¿Por qué lo digo?

Porque había caminado un largo trayecto profesional para haber sido llamado a la televisión. Los nervios se presentaron porque se trataba de algo nuevo.

Ese eslabón que estaba subiendo venía desde el éxito del programa de radio *Íntimo* en donde la gente me llama a contarme historias de su vida; donde tienen en mí un amigo quien los asesora con una opinión.

Paulatinamente, con la gran aceptación del programa de radio, empecé a darme cuenta de que la gente pedía más contenido, más mensajes inspiracionales, de motivación, que los llenaran de esperanza, que los ayudaran a luchar en medio de las dificultades.

Precisamente por el éxito de ese programa, a raíz de que cada vez más gente escuchaba el programa de la noche, me empezaron a llamar con oportunidades que eran completamente nuevas para mí: me pidieron que escribiera columnas para algunas publicaciones, me invitaron a participar como orador en algunos eventos locales y, más adelante, eventos en Estados Unidos y Latinoamérica.

Y fue así como había iniciado conversaciones con diferentes personas acerca de la posibilidad de ir a la televisión.

A medida que yo escuchaba las historias de la gente en la radio, iba llegando a conclusiones que anotaba para recordar. Había descubierto cuáles eran los factores que hacen que las personas nos sintamos más seguros de nosotros mismos o cuáles son las cosas que sabotean nuestros objetivos, nuestras metas, nuestros sueños.

Por la experiencia y la capacidad de escuchar y entender a tanta gente, me sentía cada vez más seguro y convencido de conocer estos factores comunes que había encontrado. Fue así como empecé a recibir invitaciones para participar en programas a conversar, a conectarme con productores de diferentes programas de televisión.

Entre uno de estos primeros programas donde me invitaron a participar estaba *Tu Desayuno Alegre*, un programa que salía muy temprano en la mañana en Univision conducido por Jessica Fox y Carlos Gastelum.

María Corina Marrero, su productora, con gran entusiasmo me había dicho que tenía deseos de conversar sobre la posibilidad de hacer algunos segmentos que tuvieran que ver con temas motivacionales. Y así fue que llegué a ese programa... en donde por un lado fui exitoso, pero por otro comprobé y viví en carne propia los nervios que da hacer algo por primera vez.

Si yo pudiera retroceder a un momento como ese, no modificaría ese instante ni me quitaría los nervios que experimenté porque tenía la convicción absoluta de *saber* sobre cada cosa de la que hablaría en la televisión. Yo estaba muy tranquilo y muy seguro de lo que iba a decir, pero la inseguridad interna venía de estar en una plataforma emocionante y novedosa para mí.

Entender la importancia que tenía estar allí, básicamente de hacerme consciente de que lo que yo dijera iba a impactar a miles y probablemente millones de personas, estaba saliendo de mi zona de comodidad. Y eso estaba bien.

Está perfectamente bien que en medio de la seguridad que tú sientes respecto a lo que sabes o lo que conoces o lo que te gusta, puedas entrar en una situación en donde te sientas inseguro o nervioso. Sentirte así es perfectamente entendible, pero hay que hacerlo.

La verdad es que también si yo no hubiera pasado por *ese primer momento incómodo* de estar en la televisión y de sentirme nervioso, entonces nunca me hubiese convertido en el conductor de televisión que soy hoy.

El paso a la televisión significó para mí un gran escalón porque ahora sé que estas miles de horas de televisión en vivo, de lunes a viernes, se han sumado a mi trabajo en la radio y en las redes sociales para impactar la vida de millones de personas.

Pero tenía que empezar de cero. Como todo lo que empieza.

No podía jamás pretender, ni te sugiero que tú pretendas, empezar con la solución o la absoluta certeza de que todo va a estar perfecto y de que no te va a dar miedo. ¡No!

Tampoco es un tema de lanzarse así, nomás... es cuestión de irte rodeando, poco a poco, de la gente indicada y prepararte para la oportunidad.

El hecho de que la productora de *Tu Desayuno Alegre* haya creído en mí, tuvo un impacto muy profundo en mi carrera de televisión; es algo que agradezco en verdad.

Jessica Fox y Carlos Gastelum, los conductores, igualmente fueron sumamente generosos conmigo y siempre estuvieron pendientes de darme *feedback*, de ayudarme, de hacerme sentir cómodo con lo que estaba haciendo.

Los puntos se van conectando, y el círculo de conocidos y de personas que empiezan a apoyarte, crece.

¡Es increíble observar al universo cómo hace que cada cosa temprana que te va sucediendo impacte sobre un resultado posterior!

Más adelante, Patricia Gutiérrez, quien en otra etapa también fue productora de Tu Desayuno Alegre, fue la persona a la que no dudé por un segundo en llamar cuando surgió la oportunidad de crear mi propio programa de televisión muchos años después y ella se convertiría en la primera Productora General y cocreadora del *El News Café*, el programa que hoy conduzco.

TODO OCURRE POR UNA RAZÓN

Más adelante, dentro de las oportunidades de hablar sobre temas de motivación, se agregó una plataforma aún más grande: *Despierta América*, donde me encontré con una persona que creyó en mí inmensamente y fue Mari García Márquez, Productora Ejecutiva y Fundadora del programa.

"Yo creo en lo que tú haces", me dijo Mari García Márquez, "quiero que lo traigas a nuestra plataforma". Y así fue que tuve la oportunidad de empezar a presentar segmentos en tan conocido programa.

Y también fue ahí en donde me topé con personas que, a la larga, fueron importantísimas para el desarrollo de mi carrera en la televisión para que se me permitiera llevar constantemente este mensaje a los hispanos de Estados Unidos y América Latina.

Ese fue el caso de Mariela Cardona, Productora General de *Despierta América* y Aura Subuyuj, Productora de mis segmentos por muchísimos años, para, finalmente, tener la fortuna de encontrarme con Luz María Doria. Luz María es Productora Ejecutiva de *Despierta América*, a quien no solamente le agradezco el apoyo como productora en mi carrera en televisión, sino también en mi faceta como escritor. Le agradezco por siempre estar allí para tener conversaciones —en cámara y *off the record*— de esas que nutren el alma.

Pero recuerda que empecé mi carrera de televisión empapado en sudor.

¿Qué quiero que encuentres al compartirte esta "húmeda" experiencia?

Primero que es importantísimo que pienses que, para llevar tus sueños a un próximo nivel, tienes que pasar por cosas que te van a hacer sentir incómodo.

Te invito a que pienses en las cosas que te hacen sentir incómodo pero que sabes que tienes que hacer para mejorar tu vida y que empieces a escribirlas.

Hay que pasar por experiencias incómodas para llevar tu vida a un siguiente nivel.

Piensa en las cosas que te hacen sentir incómodo pero que sabes que tienes que hacer para crecer. ¡Cómo tratar de conseguir oportunidades con gente que incluso parece fuera de tu alcance!

Y ¡prepárate para lo peor, que en realidad la mayoría de veces no es tan malo! Ten la seguridad de que te dirán que NO muchas veces cuando estés buscando esa oportunidad específica.

Recuerdo las conversaciones con Mari García Márquez quien, desde que me conoció, creyó en mí pero que al principio no pudo llevarme a la televisión porque el momento no era el correcto, y meses después me dio la oportunidad cuando pudo hacerlo.

A veces, uno internamente está pensando:

"¡Ay, me dijeron que no!", cuando en realidad te están diciendo: "No... en este momento". Sin embargo, ya plantaste la semilla y cuando la semilla tenga que crecer va a crecer (con su respectivo seguimiento, claro: recuerda llamar de vuelta, insistir).

Ten la seguridad de que te dirán "no" muchas veces cuando estés buscando una oportunidad específica y también que cuando te digan "sí" probablemente meterás la pata unas cuantas veces y te quedará mal hecho o a medio hacer.

Lo importante es estar rompiendo, es decir, expandiendo la zona de comodidad.

Finalmente, al contarte esta experiencia de sudor, te invito a que tú llenes tu vida de primeras veces.

Yo tuve una primera vez al aire en la radio universitaria en Caracas a los 17 años; también tuve una primera vez al aire en la radio comercial de Miami ¡que también me puso nervioso y me puso a sudar! Pero que para mí fue importantísima.

Tuve mi primer día grabando un *podcast* en otro idioma que no fuera el mío.

Tuve mi primer día al aire oficialmente como conductor de televisión...

Escucha lo que te digo desde el alma:

LLENA TU VIDA DE PRIMERAS VECES

Si tus días, meses y años están llenos solamente de cosas con las que estás cómodo, estás perdiendo una oportunidad increíble de crecer y de superarte.

Así que pregúntate cuál puede ser tu próxima primera vez y prepárate porque va a ser horriblemente difícil, pero, cuando rompas esa barrera, cuando rompas ese techo, te vas a dar cuenta de cómo aprovechar esas posibilidades que te da la vida. Aunque te dé miedo, aunque te den nervios, aunque sudes como loco...

En toda primera vez tendrás emociones que controlar y reacciones que, en realidad, no quisieras tener. Todo eso será parte de tu preparación, incluyendo esa conversación que tendrás contigo misma o contigo mismo, para decirte "yo puedo con esto", "yo sí puedo convencer a ese cliente", "yo soy la persona adecuada para esta oportunidad". Ten esa conversación primero contigo mismo para después tenerla con los demás.

Y en el momento de la verdad... cuando ya no hay vuelta atrás...

¡Ponte a sudar que no pasa nada!

Siempre vas a encontrar a alguien que se va a acercar y te va a ayudar a secar ese sudor.

Capítulo 18

La sorpresa de un SÍ cuando menos lo esperas

¡Esa era mi pasión! ¡Era lo que más disfrutaba!

EL "SÍ"

Hace algunos años, mi jefe en aquella época y gran amigo hasta hoy en día, Pedro Javier González, se había convertido ya en una persona fundamental en mi carrera, al haber sido el que me propuso escuchar las historias del público en la radio.

Logramos construir un formato increíble, único, en donde reinaba la honestidad, mientras se escuchaban historias de experiencias de vida del público en nuestra emisora 107.5 Amor y luego en todo el país.

Había nacido la manera de lograr una conexión increíble con el público de los Estados Unidos, abriendo los micrófonos y dejando que expresaran sus experiencias brindándoles un oído para ser escuchados y ofreciendo temas de motivación e inspiración de vida.

Al mismo tiempo que yo estaba al aire y que cumplía con los compromisos de los segmentos de televisión que ya habían arrancado, tenía que viajar con cierta frecuencia a dar conferencias y otros compromisos.

Así que ahí estaba yo, dividiendo mi tiempo entre mi trabajo como locutor al aire, colaborador de televisión y como persona pública en general, con trabajo de producción. Es decir, tenía que compartir mi pasión de estar al aire, con mis responsabilidades como productor de la emisora en donde trabajaba, en ese momento de la mano de otro buen amigo, el director de contenido de la emisora en esa época, Danny Cruz.

Entre las responsabilidades que yo tenía asignadas por Pedro y Danny estaba mantener un récord de todas las promociones que se hacían en la emisora: cuántos boletos se regalaban de cada concierto, en cada horario, participaba en reuniones relacionadas de *brainstorming* (lluvia de ideas) de la parte creativa de la emisora y también ayudaba con montones de asuntos relacionados con diferentes departamentos de Univision, incluyendo reportes que había que hacer con cierta regularidad.

Poco a poco me di cuenta de que, a pesar de que me sentía como pez en el agua en mis labores de producción, lo que yo más disfrutaba: ¡Era mi trabajo al aire!

Sentí, sin lugar a equivocarme, que lo que más me dejaba internamente era el poder hacer un impacto en la vida de la gente, aconsejar positivamente, entrar a la vida de las personas, escucharlas, entenderlas, conversar con ellas, conectar con el público.

¡Esa era mi pasión! ¡Era lo que más disfrutaba!

Poco a poco empecé a darme cuenta hasta llegar a estar completamente seguro de que yo deseaba crecer más como persona al aire. De tal manera que caí en cuenta de que las responsabilidades administrativas y de producción con la emisora no me estaban permitiendo alcanzar todo lo que yo quería dentro de ese perfil que ya tenía muy claro y el cual deseaba mantener en mi futuro.

En la radio, en una entrevista durante uno de nuestros radiomaratones por los pacientes del Hospital St. Jude.

Entonces me entró la idea, sumamente poderosa pero a la vez muy incómoda para mí, de decírselo a Pedro Javier.

Tenía que plantearle esta inquietud para saber si a lo mejor, lentamente, a lo largo de los meses, incluso aunque tomará un año o más, pudiera ser posible que yo soltara las responsabilidades administrativas y de producción para poder dedicar cada vez más tiempo a mi trabajo como persona al aire.

Aunque Pedro siempre me había apoyado desde el momento que nos conocimos, yo sabía que plantearle esto no iba a ser fácil porque él confiaba ciegamente en mí y en mi habilidad de mantener ciertas cosas moviéndose. Llevar la producción permitía mantener el rumbo correcto, y el criterio que yo le ponía a las cosas, de alguna manera, le facilitaban la toma de decisiones y le quitaba unos cuantos problemas de encima. A la misma vez, yo sabía que para Danny, como director de programación, yo era una persona clave que también le ayudaba a resolver muchos problemas y evitar otros.

Así que, después de mucho pensarlo, le dije con la voz entrecortada a Pedro Javier que yo lo quería invitar a almorzar, y él, que no aguanta dos pedidas para una invitación a almorzar, inmediatamente me dijo que sí.

Desde la noche anterior estuve supernervioso y, de hecho, no había dormido bien pensando en todos los posibles escenarios que podría traer esta conversación en la que yo le iba a pedir que hiciéramos una transición, lenta pero segura, para salirme de la responsabilidades administrativas y de producción.

Conversamos mucho en esa comida y, después hablar otros 45 temas (porque a ambos nunca nos ha faltado tema de conversación), finalmente yo le digo:

—Pedro, quisiera hablar contigo de un tema que es bien importante para mí —empiezo a titubear, a cantinflear, para delante y para atrás, tratando de explicarme—. Todo lo que yo te valoro, la oportunidad que me diste, lo importante que ha sido todo esto para mí, cuánto disfruto ser parte del equipo, cuánto quiero a la emisora, cuántas cosas hemos logrado, cuánto entiendo lo importante que es para ti que yo me mantenga haciendo cosas... —y le daba vueltas y vueltas y vueltas y de pronto me dice:

—Pero ya, ve al punto. ¿Qué es lo que me quieres decir?

—Pedro, me gustaría pedirte que me ayudes para poder *transicionar* y dejar mi responsabilidad de producción y de administración para poder dedicarme 100% a mi carrera como persona al aire.

En ese momento, hubo más o menos cinco segundos de silencio.

Por mi cabeza pasaron todas las ideas posibles: "¿Lo habré ofendido?", "¿se sentirá que estoy abandonándolo?", "¿estará de acuerdo?", "¿le parecerá una locura?", "¿será que me va a decir que esto no es una buena idea en mi carrera profesional?". Nunca pensé que uno podría tener tantos pensamientos seguidos en tan pocos segundos.

Y entonces me dijo:

—¿Tú tienes una lista de todo lo que haces del lado de producción y administración?

—Sí.

—Cuenta con mi apoyo. Mándame la lista hoy mismo y empezamos inmediatamente la transición.

"What?", me dije yo. No lo podía creer y tengo que confesar que estaba tan emocionado que hasta tuve que disimular un poco mis sentimientos.

Lo que no podía creer era que entre todos los posibles escenarios resultó que el que ocurrió fue el mejor, rodeado de una buena vibra y un optimismo inesperado. ¿Por qué nunca consideré que me fuera a decir que sí?

La transición que yo pensaba que iba a tomar un año duró solamente 30 días.

Mi sueño se hizo realidad: al poco tiempo, gracias a Pedro, yo había delegado todas mis responsabilidades administrativas y de producción con la emisora para dedicarme por completo al trabajo que hacía al aire, en la emisora, en el canal de televisión y en mis redes sociales.

UN CAMBIO DE CARRERA

Es impresionante para mí recordar cuántos posibles escenarios negativos me había creado en mi mente; lo preocupado que estaba de cuánto le iba a afectar. Pero el haber recibido esa respuesta, definitivamente, no solo me sorprendió porque yo entendía lo difícil que iba a ser, sino que además de eso me cambió el camino de mi carrera para siempre. Pude estar más dedicado al programa de radio, a los segmentos de televisión y de ahí, poco a poco, surgió la semilla que nos llevó a crear un nuevo programa de televisión que por más de seis años he conducido en Univision.

Así es como afecta a veces un SÍ en tu camino; se desencadena un efecto dominó que abre las puertas a infinidad de posibilidades.

Y es que lo primero que uno piensa cuando le vas a pedir ayuda a alguien es que nos van a decir que NO.

En ocasiones te llega el SÍ cuando menos lo esperas.

Y fíjate una cosa. Hay que tener claro que la mayoría de las personas quieren ayudar. No te dejes llevar por la negatividad que ves en todas partes incluyendo las redes sociales que a veces nos hacen pensar erróneamente que hay más gente mala que buena en el mundo.

¡Nada que ver!

Primero:

El mundo está lleno de gente buena y es lo que más hay.

Existe mucha gente que te quiere asesorar, que te quiere ayudar, te quiere apoyar, que está lista para decirte que SÍ. Si en tu círculo la mayoría de las personas no te quieren apoyar, es hora de empezar a preguntarte: ¿quiénes son las personas de las que de verdad deberías rodearte? Porque es una simple estadística inexacta, pero estoy convencido de que la mayor parte de la gente en el mundo es buena y no mala.

Observa bien quiénes son las 5 o 10 personas con las que más tiempo pasas y asegúrate de que sean personas que quieren lo mejor para ti y que tú quieres lo mejor para ellos. Si te das cuenta de que ese no es el caso…, cuestiona cuánto tiempo y atención le das a aquellos que no le suman nada a tu vida.

Segundo:

Recuerda siempre no tomarte las cosas de manera personal. Cuando alguien nos dice que no, cosa que me ha pasado a mí mil veces, tendemos a pensar que es personal, que es en contra nuestra.

No debes ahogarte pensando cosas negativas de ti.

¿Será que no soy suficientemente bueno?

¿Será que no me quieren?

¿Será que no me merezco la oportunidad?

¿Será que no me corresponde esa venta?, ¿aumento?, ¿promoción?, ¿contrato?

El NO tiene que ver con la situación de la persona, de la empresa, del departamento donde estás, de la gente con la que trabajas.

El No, en la mayoría de los casos, no tiene nada que ver contigo.

Tercero:

Mientras más veces lo intentes, más aumentan las probabilidades que te digan que SÍ.

No puedes esperar que a la primera te digan que SÍ. En la mayor parte de mi vida, de mi carrera y de todo lo que he hecho, las primeras respuestas siempre han sido NO.

Pero si tú quieres aumentar tus probabilidades de que te digan que SÍ en cualquiera que sea el contexto, de tu carrera, de tu vida, de tu trabajo, de todo, necesitas hacer la pregunta muchas veces.

NECESITAS INTENTARLO MUCHAS VECES

Porque, sencillamente, la vida es un juego de probabilidades, y cada vez que te digan que NO también es una oportunidad para mejorar esa propuesta. Lo importante de esto es que a veces tienes que intentarlo muchas veces para aumentar tus probabilidades de que te digan que SÍ.

Y a veces estarás harto de intentarlo, luego de que te han dicho tantas veces que NO. Pero tu claridad estará allí para decirte que ese es el camino que decidiste recorrer... y que ese NO, simplemente te está poniendo más cerca de un SÍ.

Por otro lado: ¡Que no te sorprenda si a la primera te dicen que SÍ!

¡Porque puede pasar!

Así que pregúntate:

¿Qué es lo que quieres pedirle a alguien?

¿Qué no te has atrevido a pedir?

¿A qué persona quieres pedirle una reunión que es para ti importante?

¿Cuál es una propuesta que tienes que desees que te acepten?

¿Por qué no has hecho tal o cual cosa?

¿Cuál es el miedo que te detiene para aventarte?

¿Qué es lo peor que te puede pasar?

Y por último:

¿Cómo vas a reaccionar si te dicen que NO?

¿Cuál será tu siguiente paso?

Ten siempre en cuenta que no sabremos cuándo llegará, pero que el SÍ puede estar a la vuelta de la esquina. Y el no saber dónde está esa esquina en la que daremos la vuelta y encontraremos el SÍ, debe ser una razón importantísima para no rendirnos.

Capítulo 19

A veces hay que cambiar de avión

> *Me acuerdo cómo las manos me temblaban*
> *mientras escribía mi carta de renuncia.*

... a lo mejor, ya te toca cambiar de avión.

La memoria tiene una especie de gaveta que guarda y que puede reproducir los nervios que sentiste en un acontecimiento de tu vida.

Me acuerdo cómo las manos me temblaban mientras escribía mi carta de renuncia. Estaba seguro de que no tenían ni idea de que esto sucedería, no se lo esperaban y menos de una persona que jamás hubieran pensado que pudiera irse de ahí. No solo eso. No había razón que me empujara a hacerlo. Aparentemente, todo estaba bien. Y, sin embargo, yo sabía que el momento había llegado.

Me había llenado de la valentía que hacía falta para decidir dar un nuevo paso en mi carrera. Esto me llenaba de nervios, de angustia, de incertidumbre, pero, en el fondo, mi intuición me decía que era el cambio correcto.

Ya había pasado casi cinco años desde que había empezado a trabajar en esa empresa. Las oportunidades habían sido maravillosas para mí. Fue mi primer trabajo en una radio comercial en los Estados Unidos; había comenzado como pasante.

Este primer trabajo, que tuvo lugar en el *show* de Enrique Santos, me brindó infinidad de oportunidades para crecer. ¡Y me había ido muy bien! ¡Pero ya había llegado a lo que parecía un techo para mí en esa empresa!

Era mucho tiempo desde que Enrique había recibido mi *résumé* o mi currículum, me había llamado y me había dicho:

—No te puedo pagar pero te puedo dar la oportunidad de trabajar en mi programa de radio de todas las mañanas aquí en Miami donde podrías aprender mucho.

Yo le había dicho que sí al instante y me llené de agradecimiento. De hecho, había empezado primero, un par de veces a la semana y, luego, todos los días y, luego, a raíz del éxito del programa, pasé de *intern* a *part time* (medio tiempo); luego de eso, a tiempo completo; luego de eso surgió un contrato de varios años, en fin, un ascenso hacia arriba en la escalera profesional.

De tal suerte que, dentro de la misma compañía, se presentaron todas las oportunidades de extender mis alas y aprender a volar.

Y así fue que, luego de trabajar por un tiempo como productor de Enrique, me dieron la oportunidad de estar al aire gracias a la generosidad de Germán Estrada. Mi primera oportunidad como locutor me la dio recibiendo el año nuevo en vivo de un 31 de diciembre al primero de enero. Esto hizo que él se diera cuenta de que yo podía y que sí tenía el compromiso para hacer una carrera al aire en la emisora hermana que él dirigía en la misma empresa donde trabajaba con Enrique.

El éxito continuaba. Después de ser locutor los fines de semana había hecho un programa de conteo de las canciones más populares en Miami y, luego de eso, había surgido una de las oportunidades más importantes en mi carrera: me convertí en productor y conductor del programa que se transmitía en la tarde en Romance 106.7. Fui conductor del mismo junto con Nancy Elías, quien me dijo que sí ante la oportunidad de trabajar conmigo al aire.

¿Te das cuenta? Todo iba demasiado bien, desde el punto de vista de ellos, como para que yo estuviese pensando en renunciar. ¡No tenía ningún sentido! Sin embargo, en Univision —que estando allí era nuestra competencia— habían visto las cosas que yo había logrado... ¡Se habían interesado en mí!

Entonces, ¿qué pasó, Alberto?

Que me había dado cuenta de que las oportunidades de crecer, de generar más dinero, de dar un paso más arriba en mi vida profesional, no estaban allí. Ya NO estaban ahí.

En fin. Las conversaciones con Univision habían empezado ya a través de Jesús Salas, quien antes había sido mi jefe en la otra empresa y que ahora estaba en Univision y me había presentado a Claudia Puig, quien, definitivamente, pasó a ser un ángel en mi carrera y una gran amiga. Dentro de un hermético secreto, se había iniciado el proceso de negociación con Univision Radio.

Ahí me encontraba yo, en ese momento crítico, escribiendo la carta de renuncia. Los dedos me temblaban, las palabras no me salían. Solamente de pensar en la reacción que tendría mi jefe, Germán Estrada, a quien yo le debía tanto, me sentía morir.

Porque además se trataba de una renuncia que no estaba abierta a discusión pues la oportunidad que tenía ante mis ojos estaba más que clara.

En ese momento, todo lo que analizaba, todo lo que veía, todo lo que pensaba, todo lo que encontraba me decía que yo tenía que dar ese paso.

Así, con esos sentimientos encontrados, empecé a escribir mi carta.

¿Qué les puedo decir después de tanto y tanto que he recibido? Agradecí las oportunidades, expresando todo mi cariño hacia las personas de la compañía, tantos años, tantas experiencias, etcétera, etcétera...

Después me di cuenta de que no era suficiente con escribirle una carta a Germán.

Escribí, entonces, una carta a la gerenta de las estaciones de Miami, incluso al CEO de la compañía, y me fui a tocar la puerta de la oficina de Germán. Recuerdo llegar a su puerta temblando y verlo ahí, sentado en su pequeña oficina.

—Germán, tengo que hablar contigo —le dije.

Y por alguna extraña razón, Germán volteó a verme y creo que a través de leer mi energía, la expresión de mi rostro o la manera en que se lo dije, me miró y soltó un:

—Tú no me vas a renunciar, ¿verdad?

—Sí.

Se hizo un silencio sepulcral.

Le cayó como un balde de agua fría, pero pronto noté que no había ninguna crítica, o resentimiento y menos enojo.

Simplemente fue una gran sorpresa el darse cuenta de que una parte clave de su equipo se iba. Germán había hecho todo lo posible por mantenerme ahí, sin embargo, las oportunidades en otro lugar lucían mucho más grandes y prometedoras.

Mis aspiraciones eran más grandes.

En medio de todo ese miedo, recuerdo perfectamente cómo Germán me dio un abrazo apretado, con ganas, con tristeza, con alegría por mí, deseándome lo mejor, y él, quien nunca ha sido muy expresivo, me dijo:

—Te vamos a extrañar, nos vas a hacer falta, pero te deseo lo mejor.

Yo respiré aliviado, descansé, me liberé al saber que me había entendido.

También me sentí aliviado de saber que Dios me estaba mandando una señal de que tarde o temprano todo iba a estar bien en medio de esta locura.

A las pocas semanas empecé un nuevo camino en Univision. Pero, como todo en la vida: ¡esta nueva aventura también estuvo llena de retos, de sorpresas, de curvas!

¡La curva! Esta no se hizo esperar ni un minuto. Pero no me arrepiento de nada.

¿Por qué lo puedo afirmar tan categóricamente?

Porque frente a las circunstancias, estando en un lugar donde tenía todo, en donde las cosas lucían tan bien, tuve la fuerza, la valentía, la entereza de preguntarme acerca de mis planes, de mis objetivos, de mis metas y de mi valor.

Cuando me di cuenta de esto supe que estaba dando el paso correcto.

Así que debes conocer tus objetivos, pero sobre todo preguntarte: ¿cuánto valgo?

Aquí se me viene a la cabeza una analogía. Te voy a narrar un *post* que subí a mis redes y que fue visto y compartido por decenas de miles de personas.

Se trata de la descripción de una botella de agua común y corriente. Si tomas en tus manos una botellita de agua, de las que venden en el supermercado es, simple y llanamente, una botella de agua.

Esta, en un supermercado, puede valer 30 centavos. La misma botella, con las mismas características, la misma marca, tiene un valor de 1 dólar en una tienda de conveniencia de una gasolinera.

La misma botella, ¡exactamente la misma!, tiene un costo de 2 dólares si la compras en el gimnasio. Sería mucho más costosa si la pides en un restaurante.

Ahora, ¿qué sucede si esa botella de agua te fuera vendida en medio del desierto? ¡Su valor subiría desproporcionadamente, quizás hasta unos 10 dólares o más!

El mensaje es que estamos hablando de la misma botella, con exactamente el mismo contenido, con lo mismo que lleva dentro, la misma marca. Pero ¿qué pasa?

Que el valor que tiene depende del lugar donde está.

Así que la próxima vez que te hagan creer que vales muy poco, recuerda que MUY PROBABLEMENTE estás en el sitio equivocado.

Esta es una analogía de lo que sucede en ocasiones en nuestra vida.

Yo te invito a que te cuestiones acerca del lugar en donde estás. Hazlo cuando sientas que, en este lugar, ya has hecho todo lo que hay que hacer allí, que has recibido lo que te corresponde, que has logrado todo lo alcanzable, o que no estás siendo compensado o valorado correctamente.

Cuestiónate también si no eres escuchado por más que lo hayas intentado y por más que hayas levantado la mano diciendo: ¡Yo valgo más, yo quiero más!

Si te ha sucedido alguna de estas o una combinación de las dos cosas, ¡este podría ser el momento de cambiar!

A veces las señales son indirectas, pero otras veces las señales que Dios manda son muy, pero muy directas.

Toma en cuenta que, a medida que vayas creciendo en tu carrera profesional, las transiciones hacia un próximo nivel se harán cada vez más difíciles. Las oportunidades en "montañas más altas" siempre son menos abundantes que en las más bajas. Todo esto es normal en el proceso de crecer.

Y este proceso comienza por creer en ti misma o en ti mismo. Nunca te van a dar tu verdadero valor en ninguna parte si el proceso no comienza por dentro, por confiar en tus habilidades, en tu capacidad y en tu preparación. A medida que pasas tiempo en un sitio de trabajo o dedicado a un negocio, habrá un proceso natural donde te sentirás cada vez más cómodo con tus actividades diarias... y si combinas esto con prepararte más que los demás para así estar listo para nuevos retos, ¡no habrá quien te pare!

Te repito: cuando tú sientas que la misión se ha cumplido en el lugar donde estás y que las posibilidades de crecer no están allí, puedes seguir estos pasos:

Primero: mira siempre qué mercado hay para ti dentro de tu industria. Y esto aplica tanto si eres un empresario o trabajas por tu cuenta como si eres un empleado.

Hoy es el momento de ver cuánto podrías estar ganando en otro lugar, qué oportunidades ofrecen otros lugares para crecer.

Si eres un empresario, una persona que trabaja por su cuenta, pregúntate:

¿Qué cosas hay afuera para mí? ¿Qué producto? ¿Qué servicio puedo estar ofreciendo que sea diferente? ¿Cómo puedo cambiar, adaptar o encontrar nuevas oportunidades? ¿Cómo puedo tener un mayor impacto positivo en la vida de la gente?

Segundo: yo te invito a que converses siempre con colegas sobre lo que está pasando y las tendencias. Aprender acerca de los cambios, de las oportunidades. Hazlo tanto con gente del lugar donde trabajas como con gente de otros lugares. ¡No debemos quedarnos con una sola perspectiva!

Ahora bien. Ten cuidado porque... a veces, cuando hablamos con la gente que tenemos en nuestro trabajo así como con la gente que está afuera, ¡nos podemos dar cuenta de que el camino no está en ese momento para movernos! Quizás debes quedarte donde estás... eso también puede pasar, que no sea el momento adecuado.

¿Y ya te hablé de las variables? ¡Ah, las variables que puedes encontrar en esa nueva oportunidad...!

Una de las cosas para considerar es que no todo es dinero. Piensa en el ambiente de ese lugar, quiénes son las 10 personas con las que tendrías que lidiar todos los días, qué oportunidades tienes realmente para crecer.

Este tipo de conversaciones internas sobre el futuro de cada quien se hicieron más comunes luego de la pandemia que vivimos en el año 2020. El ver nuestro ritmo de vida interrumpido por un virus, que trajo tanta tristeza y tantas muertes, nos hizo pensar a muchos sobre el camino que nuestras vidas tenían hasta el momento y replantearnos los objetivos, sobre todo, con la idea de ser más felices y encontrar propósitos de vida más significativos.

Pero no solo es importante nuestro propósito, porque la vida está llena de responsabilidades. Siempre sugiero medir bien, pero muy bien, las variables de cualquier cambio que queramos hacer, así como también medir tu propia circunstancia, es decir, ¿cuál es tu capacidad de tomar riesgos en este momento?

Si tomas el riesgo y las cosas no funcionan, ¿vas a estar bien de todas maneras o tienes una familia que no podrías mantener si ese riesgo no funcionara?

Revisa la parte personal: puedes bajar un poco tus gastos o adoptar un estilo de vida un poquito más conservador para que, de esa manera, si las cosas no funcionan en el momento del cambio no te quedes absolutamente "desnudo" en medio de la calle o dejes de atender a necesidades de tu familia, de tus hijos, de la gente que depende de ti.

Finalmente, número tres:

Cuando el momento haya llegado de hacer un cambio, la transición:

¡Asegúrate de no hacerle daño a nadie!

Piensa en cómo puedes hacer el mínimo daño posible con tu transición.

Mantén tus principios éticos sólidos, no andes llevando información de acá para allá, no andes tratando de demostrarle a nadie que te quiera ofrecer un trabajo que tú tienes información sobre el competidor... Mantén los más altos niveles

de honestidad,
de ética,
de valores.

Que la gente siempre pueda confiar en los secretos que te compartió.

No andes por ahí diciéndoles a otros nada cuando hagas ese cambio, prepara el mejor plan de transición que sea posible dependiendo de las circunstancias y, cuando llegue el momento, sé muy honesto con aquellos que serán afectados hablando, con sinceridad, respecto a lo que quieres lograr con esa oportunidad que se te ha presentado.

Reiterarles, a las personas que te ayudaron, que siempre vas a estar allí para ellos y ¡asegúrate de cumplir esa promesa!

La transición trae consigo los momentos en los que más nos ponen a prueba:

Quiénes somos como personas.

Cuáles son nuestros valores.

Cuál es nuestra ética.

Y cuánto nos importan las relaciones con los demás.

¿Ha llegado el momento del cambio en tu vida?

¡Debes seguir acumulando horas de vuelo!

Pero, a lo mejor, ya te toca cambiar de avión.

Capítulo 20

Nunca es tarde para mejorar... aunque tengas 80 años

"Pudo haber quedado mejor", me dijo Don Francisco

SIEMPRE PUEDES MEJORAR

Hoy te quiero comprobar que no hay límite de tiempo para que puedas crecer y mejorar, a través de una conversación que tuve con Don Francisco, uno de los animadores más importantes de la televisión hispana en los Estados Unidos y Latinoamérica.

Primero que nada, Don Francisco, cuyo verdadero nombre es Mario Luis Kreutzberger Blumenfeld, nació en diciembre de 1940 en Talca, Chile. Sus padres, Erick y Anna, ambos judíos, eran de ascendencia alemana, habiendo tenido que escapar de Europa durante la Segunda Guerra Mundial.

Su programa, Sábado Gigante, comenzó a transmitirse en 1962 y se mantuvo al aire durante 53 años consecutivos, debido a la fórmula inventada por él mismo y desarrollada junto a su equipo: varias horas semanales de concursos, comedias, entrevistas, musicales y una sección de Cámara Viajera que lo llevó a visitar más de 180 países en el planeta.

Durante su carrera como presentador de televisión, productor, filántropo y empresario, Don Francisco entrevistó a prácticamente a todas las personalidades más importantes del mundo hispano del espectáculo que sería imposible nombrar a todas. Desde los representantes más importantes de la música en español, como Luis Miguel, Jenni Rivera, etcétera, pasando por médicos, inventores, científicos, personas con historias de superación, especialistas en diversos temas, ¡incluso a varios presidentes de los Estados Unidos como George W. Bush, Barack Obama y su esposa Michelle!

En fin, la lista es interminable pues, como él dijo en alguna ocasión: "He buscado compartir con mi público testimonios que han cambiado al mundo".

Es un orgullo para nosotros, como hispanos, contar con una personalidad del espectáculo como Don Francisco pues podemos decir que un latino y su programa cuentan con el Récord Mundial Guinness al Programa de Variedades con más duración en la historia de la televisión, y Mario tiene su propia Estrella en el Paseo de la Fama de Hollywood.

Todo el mundo sabe quién es Don Francisco.

Pero nunca imaginé qué clase de persona tan generosa era... hasta que tuve la oportunidad de conocerlo personalmente. Me había topado incidentalmente con Don Francisco dado que trabajábamos en la misma empresa cuando yo era productor de radio. Nos saludábamos y él me respondía siempre amablemente.

Su asistente personal, María Luisa Calderón, había sido siempre muy generosa conmigo atendiendo mis llamadas y tratando en lo posible de ayudarme en mi intento de que Don Francisco nos permitiera entrevistarlo vía telefónica en los diferentes programas que yo producía.

Muchos años después quise conocer un poco más de cerca las lecciones de vida de Don Francisco y compartirlas con los oyentes de mi programa de radio *Íntimo* de costa a costa en los Estados Unidos. Como en este programa abrimos las líneas telefónicas para que la audiencia nos cuente un poco su historia de vida, era muy importante para mí la presencia de este importante personaje con sus propias historias y lecciones.

Pues después de hacer bastante seguimiento, continuaba escuchando a María Luisa explicándome de los múltiples viajes de Don Francisco y lo difícil que era su horario. Insistí... hasta que finalmente logramos establecer una fecha y hora para grabar una entrevista en persona con él para mi programa.

Don Francisco llegó súper a tiempo. Él estaba familiarizado con *Íntimo* lo cual me sorprendió gratamente porque además me contó que tenía la oportunidad de escucharlo y que le gustaba. ¡*Wow*! Ahí estuvimos conversando un buen rato lo cual fue para mí definitivamente un placer.

Durante esa plática, que recuerdo con tanta admiración y cariño, fue maravilloso cómo en tan poco tiempo aprendí un montón de sus lecciones de vida, de las circunstancias difíciles que había experimentado, de cómo había logrado superar muchas cosas y cómo había alcanzado el éxito.

Finalmente terminamos la entrevista y salí muy entusiasmado del resultado, sobre todo por haberles podido brindar a mis radioescuchas una tremenda conversación.

Y él, con un interés auténtico, me preguntó un poco más acerca de mí, y pues le conté de mi historia familiar, de venir de una familia mixta de padre católico y madre judía. Don Francisco, judío también, me comentó que cada cierto tiempo él realizaba una cena en su casa dedicada a conmemorar la llegada del *Shabat*, a la que le gusta invitar a personas de diversos orígenes, religiones y formas de pensar.

El *Shabat* es el día de descanso semanal del judaísmo, que comienza con la puesta del sol del viernes y termina después de la puesta del sol del sábado. Dentro de los practicantes de la religión judía, las personas se reúnen con familia y amigos para celebrar la llegada del día de descanso, y el mismo Don Francisco me contó que él organizaba con cierta frecuencia una cena, para pasarlo con familiares y amigos.

Pues, un buen día, recibo una llamada de María Luisa en donde Don Francisco me estaba invitando a su casa a celebrar el *Shabat*... pero resulta que yo me encontraba en ese momento en Los Ángeles en una labor de producción de un proyecto nuevo de la radio y no me fue posible ir...

Hasta que, finalmente, a las pocas semanas de mi regreso a Miami me volvieron a invitar y allí pude compartir con él y con muchas otras interesantes personas invitadas.

¡Fue una noche fantástica e inolvidable! Resulta que en esta cena él promueve que las personas con las que departe el *Shabat* intercambien lecciones de vida, anécdotas muy interesantes, se habla de la *parashá* semanal (que es el nombre que se le da a las 54 partes en la que se divide la Torá del judaísmo). La *parashá*, cada semana, tiene un mensaje, una historia, generalmente de alegría y de júbilo así como de agradecimiento.

A partir de ahí, Don Francisco se convirtió en una persona sumamente generosa conmigo, a quien he tenido la oportunidad de pedirle consejos en situaciones difíciles de mi carrera y momentos de transición y siempre ha tenido una palabra de aliento, la disposición y la buena voluntad de ofrecer un buen consejo en múltiples ocasiones a lo largo de los años.

Una de las noches, compartiendo con él en su casa, jamás se me va olvidar. Esta es una de las lecciones más impresionantes de vida, de profesionalismo, DE PERSEVERANCIA:

Cuando ya él había cerrado el ciclo de Sábado Gigante en Univision, siendo el programa de variedades más longevo de la televisión en el mundo, con el récord Guinness y todo, vino una nueva etapa en Telemundo donde estaba haciendo un programa de conversación, también de fin de semana, de variedades, con entrevistas e invitados. Unos días antes de esa cena tuve la oportunidad de ver la emisión más reciente y la encontré sumamente interesante.

PUDO HABER QUEDADO MEJOR

A los pocos días regresé a su casa nuevamente invitado por él y por su esposa Temmy, para el *Shabat*, así que le comenté:

—¡Qué bárbaro! ¡Me encantó tu último programa! Me pareció que estuvo espectacular—le dije muy entusiasmado contándole lo que me había gustado.

—Muchas gracias. Aunque para decirte la verdad creo que ese programa pudo haber quedado mejor —me contestó con una tranquilidad especial.

Yo me quedé sorprendido y pensando en lo interesante que me resultaba que una persona, toda una leyenda viviente de la televisión hispana y en el mundo entero, encontrara que la edición más reciente de su programa tuviese espacio para mejorar y lo dijera con esa soltura, con esa tranquilidad y convicción.

"Pudo haber quedado mejor", me dijo. Eso fue un mensaje muy poderoso. Yo creo que ni cuenta se dio de lo significativo que fue para mí ese detalle.

SIEMPRE HAY ESPACIO PARA MEJORAR

Siempre hay posibilidades de hacerlo mejor, siempre puedes analizar y pensar qué es lo que puedes cambiar y tener una mejor versión de ti y de lo que haces. A eso me abrió los ojos esa respuesta tan certera de Don Francisco.

No importa cuánto sepas, no importa cuántos reconocimientos tengas, podemos estar haciéndolo todo bien, PERO siempre hay un espacio para mejorarlo.

Y una de las formas en las que Don Francisco y tantos otros grandes encuentran ese espacio para mejorar es escuchando a los demás. Y él lo ha hecho siempre no solo a través de entender el *rating* o nivel de sintonía de sus programas, sino también a través de escuchar en persona al público que lo sigue y pedir muchas opiniones sobre lo que les ofrece cada día. Ahí donde lo ves, hablando, animando, expresándose, él es en realidad una de las personas que conozco que con más atención escucha a los demás.

¿Te das cuenta? Le agradezco a Don Francisco que fue quien me otorgó esta gran lección de vida, la cual trato de tener en cuenta día a día y que hoy comparto contigo.

Y figúrate que me di cuenta de algo: las personas exitosas se han hecho basándose en la PERSEVERANCIA. Y esa perseverancia no se disminuye con el tiempo, o con el éxito, o con pensar que se ha llegado a la cima.

Perseverancia, como indica su significado, es mantenerse en la firmeza y la constancia en la manera de ser o de obrar.

Es un esfuerzo que no termina, no se limita a un periodo de tiempo, es constante. Es un valor que he encontrado en las personas que yo admiro, en donde nunca se tiene miedo al fracaso y se sabe superar los errores.

A LOS 89... "TODAVÍA ME QUEDA MUCHO POR HACER"

Algunos años después tuve la oportunidad de corroborar esto con la historia de otro buen amigo. Se trata de Eduardo González Rubio, una leyenda de los medios de comunicación en Miami y también América Latina, con más de seis décadas de experiencia en la radio que comenzaron en Cuba y continuaron en los Estados Unidos.

Eduardo ha sido conductor de radio, periodista, presentador de televisión, la voz de las marcas más importantes en eventos deportivos, en juegos de béisbol, viajaba a diferentes países para ser parte de los diferentes juegos deportivos y es una persona quien, durante mis años de Univision en la división de radio, siempre ha estado presente. Un hombre venido de Cuba a finales de la década de los 1950... Un nombre con reconocimiento absoluto en la radio de Miami.

Hace un par de años, un amigo de Eduardo, el periodista Omar Claro, decidió escribir una biografía sobre él. El libro se titula, acertadamente, *Pegado al micrófono.* ¡Vaya! ¡Un libro lleno de décadas de anécdotas y de su inigualable ingenio!

Acudí a la presentación de su biografía en julio del 2019. Y lo vi ahí, un señorón de 89 años, enterito, saludable, sin la menor intención de jubilarse, después de haber permanecido en la radio por más de seis décadas. Estaba ahí, en la presentación de su vida, siendo exactamente como lo han nombrado "un comunicador desde el momento de nacer", ¡proyectando su inconfundible voz como si fuese el primer día! ¡Qué ejemplo para todos fue ver a un hombre a sus casi 90 años, un gran profesional, hablar de sus anécdotas y lo que hace cada día como si tuviera la mitad de edad!

Compartió con el público un sentido discurso y agradeció a todas las personas que habían hecho posible ese evento así como al autor del libro.

Pero la parte que más me impactó fue cuando Eduardo afirmó ante un auditorio lleno de admiradores: "Y, por cierto, todavía tengo mucho por hacer —y repitió—, todavía tengo mucho por hacer".

¡Imagínate qué maravilla pensar que alguien con más de 60 años de trayectoria mantenga la claridad, las ganas, la fuerza y la energía para no solo estar convencido de que no era hora de retirarse, sino que aún le quedaba mucho por hacer!

Esta otra amistad que me enorgullece y la que valoro muchísimo, me enseñó y me reforzó que:

Nunca es tarde para empezar, ni para mejorar, ni para entrar en nuevos proyectos.

Y si personas como un Don Francisco, como Eduardo, son capaces de encontrar, ellos mismos, oportunidades para mejorar, para retarse constantemente...

¿Qué me dices de ti o de mí que tenemos tanto camino por delante?

No nos podemos equivocar. El éxito no se da como nos lo muestran las redes sociales. Hay ejemplos que distraen mucho en donde vemos personas que se han hecho millonarias a los 20 años y en menos de dos años...y como dicen por ahí... al que Dios se lo dio, que San Pedro se lo bendiga.

Pero que no se nos olvide: las grandes historias de éxito de hombres y mujeres han llegado a sus manos a través de un enorme esfuerzo, después de mucho tiempo de buscarlo y, a veces, se han mantenido ahí, hasta edades que no nos imaginamos.

A mí me motivan mucho estas personalidades; admiro su esmero y perseverancia... se han mantenido en su trabajo de manera incansable durante décadas.

Pero luego, mi carácter inquieto hizo que me pusiera a investigar acerca de personas que comenzaron ya grandes un nuevo camino. ¡Y no tienes idea lo que encontré!

Es más común de lo que tú piensas que alguien haya tomado una decisión de vida después de los cincuenta, le haya dado un giro a su vida cotidiana ¡y haya triunfado!

SAM WALTON

Te cuento ejemplos: Sam Walton, el fundador de Wal-Mart, abrió su primera tienda a los 44 años; Henry Ford inventó el modelo T, que revolucionó la industria del transporte en el mundo, a los 45 años. Y que no se nos olvide el Coronel Sanders quien creó su receta secreta de pollo frito a los 50 años de edad y franquició su receta por primera vez a un restaurante a los 62 años, lo cual dio paso al fenómeno de comida global que hoy sigue siendo Kentucky Fried Chicken.

Y, como diría Don Francisco: ¿Qué dice el público? Que puedes lograr lo que te propongas aunque tengas 80 o 90. ¡Es en serio! Y para muestra un botón.

La lista sigue y sigue... J. R. R. Tolkien. Su primer libro, *El hobbit,* lo escribió a los 45 años y su primera versión del *Señor de los anillos* lo terminó a los 57 y lo editó a los 62. Así podemos hablar de empresarios, inventores, deportistas (como Juan Manuel Fangio, quien por su amor a los automóviles entró a competir cerca de cumplir los 40 años y ganó su primer premio Fórmula 1, o José Saramago, Premio Nobel de Literatura, quien después de varios intentos fallidos en su juventud obtuvo reconocimiento internacional como escritor pasados los 50 años).

¿Te das cuenta de que sus ganas de hacer las cosas, los convirtieron en exitosos, ricos y famosos?

Aquí quiero hacer un alto en el camino y hacer una mención especial a las mujeres luchonas e incansables. Cuando la mujer siente que debe empezar de nuevo, no lo duda. Pueden empezar ¡a la edad que sea! Y tienen tal fuerza, que triunfan...

OTROS CASOS

Por ejemplo, fíjate, la única mujer hispana en obtener un premio Nobel de Literatura, Gabriela Mistral, se dio a conocer a los 56 años. Y una historia sorprendente es la de Mary Kay Ash, fundadora de Mary Kay Cosmetics. Resulta que ella se había casado a los 17 años, divorciado y enviudado, con tres hijos ya grandes, después de un largo recorrido por diferentes trabajos, tuvo la idea de comenzar un negocio con una inversión de 5,000 dólares, con mujeres que la ayudaran a vender y que a la larga se convirtiera en un negocio de ventas de 3 mil millones de dólares. Eso sí, siempre ayudando a las mujeres emprendedoras y preocupándose por causas muy nobles.

Otro caso tenemos con la diseñadora Vera Wang que era periodista y patinadora pero entró en la industria de la moda a los 40; Kris Jenner, la madre de las famosas Kardashian, quien con sus hijas, comenzó unos de los *realities* más importantes del mundo entero a los 52 años. Y las mujeres, versátiles, grandiosas, abarcan todas las áreas. Desde la moda, la literatura, hasta la Madre Teresa de Calcuta quien decidió dedicarse a cuidar enfermos de lepra a los 40 años.

Ejemplos hay muchos. Y si seguimos investigando te darás cuenta de que no eres el único que piensa que es muy tarde para empezar. Pero, al compartir esto, sinceramente espero que encuentres un motivo para que te animes.

Sostener el deseo de ser mejor CADA DÍA.

Ellos supieron superarse, mejorar a diario, no comparándose con otros, sino con ellos mismos. Ahora te toca a ti.

Para más sobre cómo acumular más "horas de vuelo" y descargar nuestra guía gratis para sobrellevar el rechazo y lograr tus sueños, visita
www.ElSiDetrasDeUnNo.com

Clave V

ENFÓCATE EN EL CAMINO, NO EN EL DESTINO

Capítulo 21

Cuando todo lo que queda es tu fe

> *Como si fuese una escena de la única película que yo jamás hubiese querido protagonizar: me eché a llorar.*

TODO PARECÍA GRIS Y OSCURO

Mi mamá llevaba mucho tiempo batallando contra el cáncer de seno. Los primeros años habían sido increíblemente bendecidos dentro de lo que nos estaba pasando porque un tratamiento con pastillas había logrado ofrecerle una calidad de vida impresionantemente buena. Sin embargo, cerca de ocho años después, la situación fue completamente diferente. Ya había pasado por cirugías, por varios tratamientos y, en general, por todo lo que la ciencia podía ofrecer para un caso como el de ella donde el cáncer, desafortunadamente, ya se había diseminado mucho más de lo que se podía controlar y, por supuesto, mucho más de lo que hubiésemos esperado.

Finalmente habíamos tenido la terrible conversación con el doctor de que ya no tenía más opciones que ofrecerle.

Mamá.

Ella se encontraba ya con cuidados paliativos, en su casa, lo cual se convirtió en un momento sumamente duro para todos como familia.

Recuerdo que, al mismo tiempo, yo estaba pasando por asuntos muy complicados en mi relación de pareja de aquel entonces y, al mismo tiempo, estaba enfrentando los retos que me había presentado mi trabajo con la cancelación del programa de radio y la reubicación de una posición de producción, por la cual estaba agradecido pero que no era exactamente lo que estaba buscando.

Total, que me encontraba bastante atormentado por muchos frentes.

Me sentía:

desesperado

angustiado

había aumentado de peso terriblemente, al punto de estar sufriendo, claramente, de obesidad.

Todo parecía gris y obscuro.

El desarrollo de la enfermedad de mi mamá resultaba verdaderamente triste al punto que había alcanzado porque había llegado el momento en donde ya no podía cuidarse por sí misma. Había comenzado a usar pañales para adultos.

Una noche, en medio de toda esta situación, estando en casa de mi mamá, nos dimos cuenta de que se nos estaban acabando los pañales. Entonces tomé mi carro y me dirigí a la farmacia.

Iba yo manejando por el Doral, la zona donde vivía mi mamá y dónde vivía yo también muy cerca de ella. Estaba lloviendo horriblemente.

Ahí iba, en completa soledad, con una tristeza profunda, en mi carro, hacia la farmacia a comprar los pañales de adultos. Se trataba de un viaje de 5 o 7 minutos, no era lejos.

Llegué a la farmacia, compré lo que necesitaba y, al emprender el camino de regreso en medio de la lluvia, en medio de la noche, en medio de todo lo que estaba pasando, en medio de mis pensamientos depresivos, veo unas luces brillantes atrás y escuchó el sonido de una patrulla de policía.

Por un momento pensé: "Probablemente no es conmigo, yo no estoy haciendo nada malo".

Hasta que de pronto, poco a poco, veo que la patrulla está cada vez más cerca. Se pegó detrás de mí, así que era evidente que la policía me estaba deteniendo a mí. No había más nadie.

Yo no lo podía creer, era el colmo de mi mala noche: yo no había hecho nada malo y debía regresar con el encargo lo antes posible.

No me quedó de otra que parar el carro, y observar cómo el policía me toca la ventanilla, me pide la licencia, el registro al carro, la tarjeta del seguro.

Y, en ese momento, simplemente me rendí.

Podría haberle asegurado al policía que yo no iba a exceso de velocidad. Pero me callé cuando me informó que la multa era por 7 millas más de lo que podía circular por hora. ¿En serio? Es extremadamente raro que detengan a alguien en Miami por tan pocas millas de exceso... Entonces, ¿por qué a mí?

No dije absolutamente nada, no quedaba nada dentro de mí para defenderme. Entregué la licencia, el registro del carro, la tarjeta del seguro, y el policía, en ese momento, en silencio absoluto, como replicando mi propio silencio, como una respuesta hacia mi propio silencio, se quedó callado también.

Recuerdo que me entregó la multa, recibí mis papeles de vuelta, todo sin decir una sola palabra.

—¿Está usted bien? —preguntó el oficial de policía.

—Sí, estoy bien.

—Buenas noches.

—Buenas noches —y subí la ventana del carro.

Allí, en plena calle 41 del Doral, la calle principal, dónde más tráfico circula, con un escenario gris: la lluvia, la noche, como si fuese una escena de la única película que yo jamás hubiese querido protagonizar, me eché a llorar.

CUANDO NO QUEDA NADA MÁS

¡No estaba llorando por la multa! Estaba llorando por todo lo acumulado, por la tristeza de ver a mi mamá desvanecerse, apagarse poco a poco; estaba llorando porque no era solo eso sino múltiples cosas que, al mismo tiempo, estaban retándome en la vida.

El *ticket* de la policía hizo que no aguantara más las ganas de llorar, había aparecido como la cereza del pastel…

Mi siguiente reacción fue hablar con Dios.

"Dios, yo no entiendo por qué me estás mandando tantas cosas, yo no lo entiendo… yo me he portado bien, soy una buena persona ¿por qué tengo que estar pasando por todo esto?".

Y continué:

"Dios, en este momento, pongo mi vida en tus manos, porque no hay más nada que yo pueda hacer, porque no hay más nada que yo pueda controlar, porque no hay más nada que voy a poder cambiar de todo lo que me está pasando".

Inmediatamente percibí una paz que no había sentido en mucho tiempo... La paz de saber que había soltado todo aquello que simplemente no podía controlar.

De alguna manera supe que lo había dejado en manos de una fuerza superior que había sido puesta frente a mí de muchas formas durante mucho tiempo.

Y vinieron a mí pensamientos, ideas, recuerdos, conceptos... El hecho de venir de un hogar con influencia de dos religiones distintas, los recuerdos de acompañar a mi papá a misa algunos domingos; la celebración de las fiestas judías; entender y recordar que Dios estuvo presente de mil maneras en mi vida.

¡Cuánto me ayudaba recordar su presencia!

Así que fue en ese preciso momento en el que me di cuenta de que existía, a mi manera de ver, **una fuerza superior a la que, luego de hacer mi mejor esfuerzo, le podía entregar todas mis incertidumbres**: el no saber qué iba a pasar con mi mamá, el no saber qué iba a pasar con mi trabajo, con mi relación de pareja, con mi salud, con mi vida en general.

Una parte importante del resultado de cada cosa no estaba en mis manos; estaba en *sus* manos.

Para mí, el creer en Dios fue extraordinariamente positivo y me ayudó a salir de la obscuridad de tanta incertidumbre.

Vivimos en un mundo en donde hay mucha gente que toma la decisión de no creer en nada, no creer en una fuerza superior, no creer en Dios.

Y, aunque yo no puedo convencer a nadie que crea, porque no podemos convencer a otra persona en creer o no en nada, definitivamente siento que me beneficié del simple hecho de aceptar que una fuerza más grande que yo se encargaría de mover las cosas que no estaba en mis manos mover.

Con el pasar de los años, luego de la muerte de mi mamá, hubo diferentes cosas que me fueron ocurriendo en la vida que me llevaron a acercarme a sus raíces judías. De alguna manera me fui conectando más y más con el judaísmo y, sobre todo, luego, a los pocos años, al conocer a Fay que también es judía, evidentemente me convencí mucho más. Esto resultaba ser una señal adicional de que había algo más para conocer dentro del judaísmo.

Siento que, en general, las religiones en el mundo han traído muchas cosas positivas aunque sé que también han traído históricamente divisiones. Y a pesar de que en algún momento algunos personajes históricos las han usado para manipular a las personas, también han traído muchísimas cosas muy buenas para la sociedad.

Pero más allá de pertenecer o sentirse parte de una religión, cosa que es una decisión sumamente personal o que muchas veces viene dictada por la manera que fuimos criados, a mí me parece que el simple hecho de aceptar a una fuerza superior —que yo llamo Dios— puede hacer la diferencia en la vida de muchísimas personas.

Quisiera compartirte fragmentos de dos estudios y documentos de reconocidas personalidades de la ciencia en donde nos muestran que la espiritualidad ayuda a sentirse más en control cuando las situaciones parecen salirse de nuestras manos:

Y cito:

"Curiosamente, aunque la religión y la espiritualidad se conciben como un proceso de control externo (Dios como un poder superior que controla nuestro destino), la mayoría de las investigaciones concluyen que aquellos que son religiosos tienen un fuerte sentido de control interno".

El Dr. Harold Koenig de la Universidad de Duke sostiene que "cuando las personas oran y le piden a Dios que los guíe, sienten una sensación de control sobre su propia situación, lo que les ayuda a sobrellevar la depresión y la ansiedad".

https://www.forbes.com/sites/nicolefisher/2019/03/29/
science-says-religion-is-good-for-your-health/?sh=339b5683a12c

"Aunque uno podría esperar que la religión y la espiritualidad se relacionan con un control externo, algunos estudios confirman que la mayoría de las investigaciones encuentran una correlación positiva con un sentido de control interno, no externo. De 21 estudios que han examinado estas relaciones, 13 (61%) encontraron que la religión y la espiritualidad estaban relacionados con una mayor sensación de control personal en circunstancias de vida difíciles [...] Las creencias religiosas pueden proporcionar una sensación indirecta de control sobre situaciones estresantes; al creer que Dios tiene el control y que la oración a Dios puede cambiar las cosas, la persona siente una mayor sensación de control interno (en lugar de tener que depender de agentes externos de control, como otras personas de poder)".

https://www.hindawi.com/journals/isrn/2012/278730/#B2

Las creencias espirituales o religiosas son buenas hasta para nuestra salud, así lo ha reportado la Clínica Mayo. El tener fe en algo superior ayuda también a alcanzar la longevidad y, sobre todo, una mayor resiliencia. El tener fe ayuda con la ansiedad, con el manejo de la depresión y en la disminución de las tasas de suicidio.

La espiritualidad y/o la religión hacen que las personas tengan más compasión, que sepan perdonar, que puedan estar más agradecidas.

Por eso es que menciono estos estudios, porque estos aspectos de compasión y agradecimiento están entre las cosas que te quiero transmitir en este libro para que no te detengas en la lucha por lo que deseas lograr.

Las investigaciones concluyen que las personas que son espirituales y religiosas tienen una sensación de control mucho más fuerte durante situaciones adversas.

¡Esto es increíblemente positivo y tenía que compartirlo contigo! Entonces:

Yo te invito a que en medio de tus retos actuales hagas tus dos listas que a mí me han sido sumamente útiles en la vida.

1. La lista de las cosas que puedes controlar, y
2. La lista de las cosas que no puedes controlar.

Esta segunda lista hay que ponerla en las manos de Dios o de una fuerza superior.

Te propongo poner en manos de Dios (en manos de una fuerza superior a nosotros, como tú quieras llamarle), todo aquello que sabemos que no podemos controlar. Y así puedes filtrar y ponerte a trabajar en lo que sí está en tus manos. "A Dios rogando y con el mazo dando", dice la frase.

Mi segunda recomendación es que intentes acercarte un poco más al concepto de la fe.

Considera acercarte a la fe en medio de los momentos más difíciles y, sobre todo, cuando la vida no te está entregando lo que tú quisieras que te entregue.

Y ojo: ¡esta no es una promoción religiosa! Yo no podría ni lejanamente convencerte de que creas en algo o en alguien en lo que sientes que no vas a poder creer.

Pero si te identificas con una religión, ¿qué tal visitar tu iglesia o el lugar de oración de vez en cuando?

Trata de recordar cómo te sientes cuando estás ahí.

En estos tiempos se habla de que todo es un asunto de energía. ¡Y es cierto! La energía positiva que se transmite en ciertos lugares de oración o de espiritualidad ayuda a alimentar nuestra mente, nuestro espíritu, pero, además, ¡podrías estar descubriendo el lugar adecuado que, sin saberlo, sea un alimento para tu alma!

Yo experimento esa sensación cada vez que, por ejemplo, voy a la sinagoga por las fiestas judías o a veces a alguna conferencia interesante con nuestro rabino Mario Rojzman, o alguna actividad familiar que tenga un propósito espiritual de cualquier índole. ¡Me ha hecho tanto bien!

Otras veces hacemos rituales en casa, muy lindos, como el comienzo del sábado judío o a veces nos invitan a compartirlo en casa de otras personas, ¡me genera una sensación de bienestar increíble!

Pero ¿sabes qué? Quiero decirte algo muy importante. Además de la sensación de bienestar, te da...

ESPERANZA

Ahora bien, te invito a que no utilices la fe como forma de culparte ni a ti ni a otras personas.

Conozco a algunas personas que piensan también que Dios las castigaría por esto o aquello: "Es que yo estoy mal frente a Dios", "es que yo hice esto muy mal".

No se debe nunca usar la fe para culpabilizarse, sino todo lo contrario. La fe está ahí para reducir nuestros miedos.

Yo siempre he dicho una cosa y que es importantísimo destacarlo aquí: tener una gran fe y vivir con miedo me resulta una gran contradicción.

Utiliza la fe para entender por qué ocurren las cosas, para entender que todo va, poco a poco, a funcionar a tu favor.

Usa la fe también para crear más resiliencia, para entender que cuando tocas una puerta y tocas otra, y ninguna de ellas se abre, simplemente es que Dios (o esa fuerza superior) te está guiando por un camino que te va a ayudar a abrir la puerta correcta. ¡Seguramente esas puertas que no se abrieron podrían haber sido las incorrectas y no las que más te convenían!

Usa la fe a tu favor como algo que te va a ayudar a encontrar la esperanza más rápido.

Acércate a la fe en medio de los momentos más difíciles y, sobre todo, cuando la vida no te está entregando lo que tú quisieras que te entregue.

Capítulo 22

Todo va a estar bien "my friend"

Viví un momento de cierre de círculo que me confirmaba, una vez más, que todo el esfuerzo había valido la pena.

Me cité para entrevistar en mi programa a Emilio Estefan en su famoso estudio *Crescent Moon* en la ciudad de Miami. Yo había trabajado para Emilio en un proyecto unos 12 años antes, así que lo primero que sucedió es que reconocí que la gente que iba y venía, eran las mismas que yo había visto tiempo atrás... ¡las caras de todos se me hacían conocidas! Al preguntarle a Emilio este detalle me contó que prácticamente toda la gente que trabaja ahí llevaba de 25 a 30 años con él, y me explicó de la importancia de hacer un equipo de trabajo cercano, de mover a la misma gente hacia arriba, de mostrar y recibir la lealtad. Primer aspecto que me dejó gratamente sorprendido.

En muchas ocasiones, el público tiene la impresión de que los famosos siempre fueron como hoy los miran, desconocen la realidad y las muchas cosas que tuvieron que pasar para llegar hasta el punto en donde se encuentran.

Emilio Estefan es un músico y productor cofundador de Miami Sound Machine, con más de 40 nominaciones al Grammy, obteniendo nada menos que 19, lanzador y promotor de incontables y talentosísimos artistas, compositor, empresario de restaurantes y hotelería y, entre muchas otras cosas, ahora es productor del fantástico musical de Broadway *On Your Feet*. La carrera como productor artístico en el mundo de la música y los negocios de este hombre no tiene igual. Por lo que, dentro de las tantas entrevistas que he realizado, esta, por cada palabra que me dijo, me marcó y me dejó una enseñanza de vida al corroborar su camino hacia el éxito, su sencillez y su amabilidad.

El caso de Emilio Estefan comienza con la traumática experiencia de tener que salir de Cuba, siendo todavía muy joven, al instaurarse la dictadura de Fidel Castro, dejando prácticamente todo.

Emigró a España, sufriendo de escasez después de haber tenido una buena vida en Cuba. Ahí, en su nuevo país, a la hora del almuerzo, durante los fines de semana, tocaba el acordeón, simplemente porque lo hacía feliz, además de que el dueño del establecimiento lo invitaba a almorzar. Una vez en Miami continuó tocando el acordeón solo por propinas y, me cuenta que con estas, iba al establecimiento de al lado a comprar un sándwich.

Emilio representa el prototipo de lo que significa ser un inmigrante. Personifica a toda esa gente que se enfrentan a lo desconocido, que comienzan desde abajo y se las ven muy obscuras extrañando a su país, al resto de la familia que han dejado, a todo aquello que los hacía sentir seguros... su forma de vida, su patria, su comodidad.

"Todos tenemos una anécdota como inmigrantes que nos hizo abrir los ojos", me dijo Emilio con nostalgia.

Fue, en el año 1967, que Emilio Estefan dejó Cuba para llegar de inmigrante a España. Y la historia que me contó de cómo se cerró su círculo, te pone la carne de gallina:

"Cuando nos vamos de Cuba, llegamos a España y yo salgo del avión, empiezo a caminar y me puse a llorar. Mi padre me abrazó mientras recorríamos ese pasillo del aeropuerto y me dijo: 'Todo va a salir bien; en la vida hay que tener optimismo y hay que pensar que todo va a salir bien'. Pasaron 30 años y, en un viaje, iba yo de regreso de Praga y llegué a España, en un avión privado, con mis hijos, con Gloria, con guardaespaldas, los fans aglomerados afuera y, de pronto, me doy cuenta de que estoy caminando por EL MISMO pasillo que caminé con mi padre 30 años atrás. Me dio una impresión profunda. Abracé a Gloria y me di cuenta de lo importante que es tomar decisiones en la vida".

Emilio, al caminar de nuevo por ese pasillo, cerró un círculo; agradeció profundamente su destino, se hizo consciente de lo que había sido su lucha, que sus hijos vivían en un país libre, con futuro, que podían comunicar su opinión, pero lo más importante es que se dio cuenta de la razón por la que había tenido que dejar Cuba y se sintió agradecido.

Lo más importante en el ser humano es ser agradecido.

Cuando descubres que se cierra un círculo, te llena el sentimiento de agradecimiento. Es cuando le das el valor que merecen tus decisiones, que las cosas que sucedieron hace tiempo tenían un por qué y que debemos agradecerlas profundamente.

LOS CÍRCULOS SIEMPRE SE CIERRAN

Algo curioso me pasó a mí relacionado con la misma familia Estefan. Era el año de 1991 cuando me enteré de que estaba anunciado que Gloria Estefan se presentaría por primera vez en Venezuela en el Poliedro de Caracas. Se trataba de la primera gira que realizaba Gloria después de un terrible accidente que sufrió la familia entera. En palabras de Emilio, Gloria Estefan se había partido, literalmente, la espalda, y los médicos le habían dado muy pocas esperanzas de recuperar por completo la movilidad. Era marzo de 1990 cuando el autobús donde viajaba la banda chocó en la carretera en Pensilvania, y habría de cambiar la forma en que la familia Estefan concibiera su vida.

"Los dos volamos por el aire, los zapatos salieron por el aire. Caímos uno encima del otro, desmayados. Cuando Gloria se despertó nos dimos cuenta de que se habían roto todos los cristales del autobús, ella no podía mover las piernas. Me dijo: 'Olvídate de mí, busca a mi hijo'".

Cuando tú eres padre o madre, el dolor físico que puedes llegar a tener desaparece comparado con la preocupación por un hijo, que olvidas tu propio bienestar para asegurarte de que este se encuentre bien, y así fue como Emilio buscó a su hijo Nayib, y al encontrarlo le avisó a Gloria que estaba bien. Fue en ese instante cuando le comenzó un espantoso dolor.

Aprendamos que la vida nos puede cambiar en un minuto. Por eso no debemos dejar de disfrutarla.

Fue la lección que Emilio Estefan aprendió. Gloria, con una perseverancia a prueba de todo, acompañada con el poder de la oración, no solo volvió a caminar habiéndose roto la espalda sino que volvió a bailar y ahí estaba anunciando su *show* para presentarse en Venezuela. Le habían asegurado que era imposible recuperarse, ¡y ella lo logró!

A mí me produjo una tremenda emoción que Gloria Estefan fuera a Venezuela. Había algo que me identificaba mucho con esa familia, yo la admiraba, y había referentes que encontraba iguales: como nuestros antecedentes cubanos, mi familia que había dejado Cuba para ir a Venezuela... Es decir, habían salido de su país por motivos políticos y económicos igual que la mía.

Pero también era un referente porque su éxito me hacía soñar en grande. Mientras yo apenas entraba en la adolescencia, ya veía en ellos personas que lograban la prosperidad, un impacto grande en las vidas de otras personas, un futuro prometedor y un horizonte lleno de satisfacciones. Su éxito para mí, sin conocerlos, siempre había sido muy inspirador.

Así que compramos boletos y fuimos mi papá y yo al concierto de Gloria Estefan en Caracas, el cual estuvo increíble. Quizás, por las circunstancias, haya sido el concierto de un artista latino más importante y significativo de mi vida en Venezuela.

Curiosamente, ver a esta familia tan importante triunfar de forma internacional plantó la semilla de que algún día yo podría irme a vivir a los Estados Unidos y luchar también por el sueño americano.

La vida da muchas vueltas y te ayuda a cerrar círculos.

Increíble pensar que varias décadas después yo trabajaría en un proyecto con Emilio y, años después y a través de una de las muchas invitaciones de Don Francisco a cenar por el *Shabat* a su casa, estaría sentado en la misma mesa que Gloria y Emilio Estefan.

¿Cuántas cosas tuvieron que pasar para que yo estuviera compartiendo en la misma mesa con las personas que había admirado desde joven? Muchísimas.

En mi propia lucha, siempre me he identificado con los que ellos habían tenido que pasar para lograr estar en donde ahora se encontraban. Y le comenté a Gloria lo que había tenido que trabajar por estudiar la carrera que me gustaba, luego de enfrentarme ante la adversidad para convertirme en una personalidad de radio y televisión, de recibir muchos NO en mi camino, de los retos de haberme mudado a los Estados Unidos, de quedarme trabajando y de hacer una vida acá, estudiar un postgrado, haberme casado, de tener una hija... O sea, tantas cosas que ocurrieron desde aquel concierto en Venezuela cuando la fui a ver hasta el momento que me complacía compartir una cena con ella.

¡Que afortunado fui de haberle podido contar a Gloria y a Emilio que yo había estado en ese concierto en 1991! Haber podido decirles que su historia y su visión siempre habían sido utilizadas como inspiración para las grandes decisiones en mi propia vida. ¡Gloria también se emocionó muchísimo cuando le hablé de esto!

Precisamente, esa noche para mí, cenando entre amigos, constituiría un momento *Full Circle*. Me puse a pensar: ¿qué le diría el Alberto de ese momento, cenando con Gloria Estefan, al Alberto que tenía 13 o 14 años y que asistía con ilusión a su concierto? Definitivamente que "todo va a estar bien my friend" y que "tus más grandes preocupaciones serán cosa del pasado, mientras tus más grandes sueños se convertirán en cosas del presente".

Viví un momento de cierre de círculo que me confirmaba, una vez más, que todo el esfuerzo había valido la pena.

Que cada uno de los pasos que había dado tenían sentido y que el usarlos a ellos como un punto de referencia, de inspiración y de guía en el camino a través de su historia, había tenido sentido. Y que ese momento cerraba un círculo.

El cierre de los círculos es muy importante para seguir avanzando. Son como la confirmación de que vale la pena el esfuerzo. Que vale la pena cada uno de los NO que recibes en tu camino, que vale la pena superar las dificultades...

De la misma manera, cuando yo fui consciente de cerrar ese círculo, el hecho me confirmaba todas las cosas que todavía quiero emprender, que van a ser difíciles. Pero que también van a tener sentido porque, seguramente, habrá en mi futuro, Dios mediante, un nuevo momento de cierre de círculo basado en las cosas que hoy en día estoy tratando de lograr.

Ten la certeza de que el círculo se cerrará en una o varias de las historias de tu vida.

Nunca sabremos cuándo llegará ese momento, pero ten la certeza de que esto ocurrirá tarde o temprano.

Esto que te comparto es un acto de fe importantísimo en el proceso de la lucha por tus sueños, por lo que quieres lograr.

Un día, te encontrarás con ese maestro que te enseñó algo por lo cual mucha gente te admira.

Un día volverás a ver a una persona que te inspiró a tomar un paso importante.

Ten la certeza de que un día todo tendrá sentido. Y ese círculo se va a cerrar.

¿Otro reto, Alberto? ¿Cómo le hago para mantener esa certeza?

Número uno:

Escucha tu instinto. Cuando una actividad, o un libro, o una historia, o una persona te inspiran y sientas una emoción muy grande al estar en contacto con eso, presta atención ¡no lo sueltes!

Busca al autor de ese libro, síguelo en las redes, incluso escríbele y dile lo que sientes (de manera respetuosa y no invasiva). ¡Podrías estar acercándote a algo o alguien que podría cambiar tu vida!

Número dos:

Ante el fracaso, regresa a eso positivo que te inspiró.

Regresa, aunque sea mentalmente, a recordar ese hecho o esas personas que te inspiraron… como yo lo hice tantas veces con Emilio y Gloria.

Número tres:

Vive el momento presente, porque lograr eso que siempre has buscado muchas veces está escondido. Mantén la fe y no te rindas; no gastes el tiempo pensando en el pasado o en el futuro.

Disfruta mucho más del momento presente, viviendo intensamente cada parte del proceso de la aceptación, del rechazo, de la incertidumbre y entender todo como parte de un juego en el que se gana y se pierde en el camino pero que hay que disfrutar el proceso.

Solo así, puedes encontrar el SÍ, para que más tarde puedas disfrutar esos momentos en los que el círculo se cierra.

Como me dijo Emilio Estefan en su entrevista: "¡Levántate, pon el pie derecho, y da gracias a Dios por estar vivo!".

La capacidad o la posibilidad de pasar por el momento en el que el círculo se cierre hacen que todo tenga aún más sentido. Porque de eso se trata. Todo empieza a tener sentido dependiendo de cuán abiertos estamos a vivir el momento.

Hay que disfrutar cada instante, cada experiencia con todos los aspectos de la vida; hay que vivir cada momento con intensidad.

Y te voy a dar un consejo: hay que entender el proceso, hay que disfrutarlo, hay que vivirlo.

Cuando aceptamos que lo bueno y lo malo es parte del proceso, vivimos el momento presente. ¡No te fijes solamente en lo negativo!

No solamente vamos a ver cómo empiezan a aparecer los NO en nuestra vida, sino que además de eso vamos a entender cómo esos NO se convertirán pronto en el cierre de un círculo.

Y ese círculo quizás se abrió alguna vez sin que nos diéramos cuenta y muy pronto se cerrará teniendo todo el sentido del mundo para ti.

Capítulo 23

Con dinero o sin dinero

—Bueno, en realidad, no lo compró: ¡él lo mandó hacer!

El dinero no lo es todo...
pero ¡cómo resuelve!

ESTA VIDA ME ENCANTABA

A medida que iba creciendo en mi trabajo en la radio, aumentaba también el dinero que ganaba. Poco a poco iba mejorando mi posición económica, no ganaba millones pero en aquel momento empezaba a ganar bastante bien para ser un tipo todavía soltero y sin compromiso. Me permitió, a base de esfuerzo y horas de trabajo, primero rentar un apartamento en Doral y, luego, comprar un nuevo apartamento en Miami Beach.

Así que yo me sentía muy orgulloso de mi posición económica. Recuerdo que por muchos años estuve manejando un carro, económico, pero que me era muy fiel y que me llevaba para todas partes. Hasta que hice la matemática y me di cuenta de que yo podía hacer los pagos mensuales de un carro más lujoso, ¡el carro que siempre había soñado! ¡Qué maravilla!

Ahí empezó la búsqueda de mi primer BMW. Y sí, ya estaba en la posición de poder pagar un arrendamiento... Comencé a pensar qué modelo sería, qué color me gustaría... Empecé a investigar y a visitar los diferentes concesionarios de carros.

Y así fue que me decidí por un BMW serie tres, de dos puertas, deportivo, y cuando empiezo a averiguar y a ver las opciones de colores, veo una especie de azul metálico, *supercool* y elegante. Después empiezo a pensar que me gustaría que tuviera ciertas cosas... que tuviese navegación, etcétera, etcétera. ¡Mi mente se desató imaginándose todo eso!

Comienzo a averiguar en los diferentes concesionarios y nadie tenía el carro de mis sueños. Hasta que en un concesionario alguien me dice:

—Bueno, no tenemos el carro como tú lo quieres, pero ese carro se puede mandar hacer...

—Sí, pero yo solo tengo esta cantidad para el pago mensual. Yo no tengo plata para estar pidiendo un carro especial que me cueste más dinero.

—Si tienes un poco de paciencia, en unos tres meses nos llega tal como lo quieres. Solo le mando una instrucción a la fábrica y, entre los carros que ya van a hacer, se les pide que le pongan este color y con las características que quieres. Simplemente te va a tomar tres meses en llegar.

Por supuesto, mi emoción era enorme porque podía tener el carro del modelo que quería, con los accesorios que quería y del color exacto que quería. Finalmente, llegó el BMW de mis sueños y, la mejor parte: que no me había costado un centavo más de lo que yo tenía estimado.

Así que, tú te imaginarás el orgullo de ser un tipo joven, soltero, teniendo éxito en la radio y lo bien que me sentía manejando el carro perfecto, de mi apartamento en Miami Beach al trabajo, de regreso y en una que otra fiesta que se atravesaba en el camino.

¡Me estaba dando una vida que me encantaba!

Un día estaba con mi padre y mi abuelo, que en paz descanse, y que siempre fue un gran promotor mío, orgulloso de su nieto, y compartíamos con unos amigos. Y de pronto, una de las personas me dice: ¡*Wow*, qué lindo carro! ¡Te felicito! Y comienza la conversación de que qué año es, qué motor tiene, y todas esas cosas que se hablan acerca de los carros, cuándo lo compraste, etcétera.

En eso sale mi abuelo con un orgullo, con esa expresión increíble en su cara, y dice:

—Bueno, en realidad, no lo compró: ¡él lo mandó hacer!

La reacción de la gente que estaba con nosotros fue muy efusiva: "*Wow*, Alberto, qué maravilla, te debe estar yendo superbien. Mandar hacer un carro no es cualquier cosa. ¡Muy bien por ti!".

El comentario de mi abuelo me hizo sentir muy orgulloso pues, efectivamente, yo había podido comprometerme a realizar los pagos mensuales y, en general, a ser dueño de un carro que había sido mandado hacer según mis especificaciones. Mi abuelo Eloy siempre había seguido mi carrera en la radio y aplaudido cada uno de mis logros. En él tenía siempre a mi "fan número 1" y, sin lugar a dudas, ahora estaba muy orgulloso del carro que yo había mandado hacer.

Al mismo tiempo, el haber escuchado a mi abuelo hablar sobre eso y la reacción de estas personas me hizo comprender la manera en que, para muchos, los símbolos de estatus son sumamente importantes.

De alguna forma son como *drivers;* son como motivadores de lo que se hace en la vida.

Mi abuelo siempre fue un hombre sumamente trabajador, hacía negocios, inventaba otros y trabajó durísimo para lograr echar hacia adelante a su familia, primero en Cuba y luego en Venezuela. De la misma forma pude siempre ver la misma ética de trabajo en la familia de mi mamá.

Pero en la vida también hay personas que pasan mucho tiempo en la cacería de la plata, tratando de ganar dinero como objetivo en vez de enfocarnos en el proceso!

¡Cuidado con ganar dinero por el dinero mismo!

¡A veces nos enfocamos demasiado en el dinero como objetivo en vez de enfocarnos en el proceso!

La verdad es que no importa mucho lo que vayas comprando, si no nos enfocamos en disfrutar del proceso de hacer dinero.

El dinero va a ser algo que va a llegar, ¡va a llegar mientras disfrutamos del proceso!

Evidentemente, todos tenemos gastos que hacer, familia para mantener, urgencias que pagar, emergencias que requieren dinero... Entonces, con esto no estoy quitándole importancia pero a la misma vez el dinero no puede estar solamente como el centro porque no va a traer la felicidad que esperamos.

Lo que trae la felicidad es el proceso de hacer algo que nos apasiona.

Si haces algo que te gusta, esto trae la posibilidad y la consecuencia de traer dinero.

Debes recordar también que:

Las cosas van a llegar, pero también la vida se nos va a acabar.

En aquella entrevista inolvidable que le realicé a Dante Gebel, presentador, pastor y escritor argentino, él me contó una historia que quiero compartir contigo. Me dio, digámoslo así, una cátedra de lo que es el dinero, los bienes materiales y la postura del ser humano ante esto:

Ante mi pregunta de qué hacer cuando algo no te funciona, cuando tu jefe no te va dar el aumento, el trabajo no va bien, te sientes atorado en la parte económica, él, con una gran sabiduría, me contó esta historia:

"Se trata de dos constructores de castillos: el niño que construye castillos en la arena con el baldecito rojo y la palita azul a la orilla del océano, y el adulto que construye con ladrillos, hipotecas, préstamos bancarios, etcétera. Ambos lo hacen cerca del océano. El niño conoce las reglas del juego y el adulto las olvida. El niño va al océano todas las mañanas de la mano de su papá, lo más cerca del mar que puede y empieza a construir su castillo, sus torrecillas. El océano rompe cada vez más cerca del castillo quien le dice constantemente que se llevará su construcción, pero el niño sigue construyendo con alegría... Cuando termina de construir le dice a su papá que saque una fotografía y se espera a ver cómo el océano se acerca a destruir todo lo que construyó. El niño lo que hace es aplaudir, agarra su baldecito, toma la mano de su papá y se va a casa.

El adulto hace lo mismo pero lo hace con ladrillos, con créditos, con hipotecas, dos carros, con diplomas en la pared, y el océano todos los años le recuerda que se llevará todo lo que está construyendo. Cada año, el adulto cree que cumple un año más, pero del útero al sepulcro empezamos a morir... el océano le dice cada año: 'me llevaré tu castillo', pero el adulto se aferra a lo que está construyendo y un día el océano viene y se lleva todo y se va desnudo de esta vida".

Nosotros, como adultos, a veces no entendemos las reglas del juego, ¡el océano se va a llevar tu castillo, tu carro, todo lo que hayas construido!

La vida va a pasar, "somos pasajeros de tránsito", como lo dijo Dante, pero somos necios.

Somos muy necios y queremos construir algo sólido, material que dure para siempre.

¡Estoy de acuerdo al 100% con esto! Hay que saber que las cosas van a llegar pero también que se nos van a ir porque la vida se nos va a acabar.

No quiero decirte, a ti que me lees, que NO es importante el dinero. No quiero quitarle valor al dinero. ¡Lo material es importantísimo!

Y, ¿sabes por qué? Porque resuelve un montón de problemas.

No, no estoy apostando aquí a que hagamos un voto de pobreza... el dinero te puede sacar de infinidad de situaciones para las cuales debemos estar preparados.

LA HISTORIA DE CRISTINA SARALEGUI

Recuerdo cuando entrevisté a Cristina Saralegui, gran periodista y conductora, conocidísima por su programa El Show de Cristina.

Me contó acerca de la enfermedad de su hijo Jon Marcos. Cristina, mientras hacía entrevistas en su programa a los más famosos del mundo del espectáculo y fuera de este, mientras bailaba con Carlos Vives o se moría de la risa con Thalía, regresaba a su casa a enfrentar la realidad de la enfermedad de su hijo Jon Marcos.

Su hijo mayor, teniendo 19 años y padeciendo una enfermedad mental, que por mucho tiempo no había sido diagnosticada, se trató de quitar la vida. Cristina cuenta que, después de 10 años de andar de médico en médico, fue internado en el Hospital McLean en Boston.

La tristeza y el vacío que embargaron a Cristina durante esos dos años fueron insoportables:

"Yo me iba al cuarto de mi hijo y, en esa cama tan grande, tan vacía, me acostaba y abrazaba su *t-shirt* con la que él dormía y yo le decía a Olguita, la persona que trabajaba con nosotros, que no la fuera a lavar porque olía a él".

Cuenta Saralegui que durante esos años, que le parecieron larguísimos, su esposo la llevaba a que se regresara a su cuarto pues él también estaba sufriendo. Fueron momentos durísimos para Saralegui. Me confesó que ahora ya se había convertido en el presente en una mujer feliz, de 66 años, con nietos, pues esa época ya la había dejado atrás.

¿Y qué tiene que ver con el dinero?

Me dijo que cuando su hijo se enfermó su tratamiento le costó 50,000 dólares y ella explica, básicamente, que el dinero no lo es todo pero ayuda muchísimo, y sobre todo en situaciones desesperadas. Cristina Saralegui dice que, para ella, todo mundo quiere ser rico; "...el que no está 'arañando la acera' por volverse rico, está envidiando a los demás por haberlo logrado".

Sin embargo, la moraleja es que el dinero por supuesto que sirve y para mucho. La historia de Cristina nos cuenta que, cuando su hijo necesitó un tratamiento carísimo, ella tenía el dinero para pagarlo y fue así como pudo ser salvado.

"Te voy a decir una cosa —me dijo Cristina en aquella entrevista—, personas con cáncer, con dinero, buscan el mejor tratamiento y aumentan su probabilidad de curarse. Entonces, dime tú si no tiene importancia el dinero".

Y es cierto, ¡si tienes el dinero para usarlo para salvar a un familiar, a tu hijo o a ti mismo! El dinero entonces se convierte en una bendición.

La felicidad que sientes ahora no depende de que el dinero te haga feliz. Pero tampoco, si no tienes dinero, automáticamente vas a sentirte desdichado. Y no por tener dinero vas a ser infeliz, ¡nada qué ver!

¡No te creas, jamás, al que dice que todos los que tienen dinero son infelices! Hay ricos infelices y hay ricos muy felices.

¡La felicidad no depende de si tienes dinero o no!

Siempre he sido un convencido de que el dinero no nos hace mejores o peores personas, sino que en realidad magnifica o aumenta el impacto de lo bueno y lo malo de esa misma persona. Una persona rencorosa, tacaña o envidiosa sin dinero, será una persona más rencorosa, más tacaña y más envidiosa el día que tenga dinero. De la misma manera, alguien generoso y compasivo sin dinero, será aún más generoso y compasivo cuando el dinero llegue a ella o él.

Pero escucha bien lo que te aconsejo como amigo:

Cuando tengas cosas materiales asómate a ver cómo era cuando no tenías esas cosas materiales, para recordar que puedes vivir sin ellas.

Te comparto que yo, con mi familia, gracias a Dios y a mi trabajo tengo una linda casa, manejamos carros que son considerados carros de lujo por la mayoría, viajamos varias veces al año, hemos conocido destinos increíbles, tenemos la posibilidad de tener acceso a servicios de salud maravillosos, o sea, un montón de cosas que gracias a Dios y gracias al dinero nosotros tenemos. Pero para mí es sumamente importante:

¡Que no dependo de todas estas cosas para ser feliz!

Yo no dependo de todo lo que me sobra para ser feliz y, aunque me dolería muchísimo perderlo, a la vez puedo estar en paz con eso, porque de esa manera no vivo constantemente amarrado a las cosas materiales para que no se me vayan, sino que continúo disfrutando del camino.

Por eso es tan importante ganar dinero a través de lo que hacemos, saber que, con lo que estamos buscando, vamos a ganar dinero, ¡esto va a traernos prosperidad!

Pero no podemos hacerlo por dinero porque al hacerlo por dinero nos estamos comprometiendo y obsesionando con algo que así como llega se puede ir en cualquier momento.

Capítulo 24

Vive plenamente sin hacer daño a los demás

"El amor no siempre viene envuelto en una sonrisa, pero al final siempre trae una como regalo", me enseñó mi mamá

"El amor no siempre viene envuelto ...."

EL DIA QUE ELLA SE FUE

Recuerdo cómo me preparaba para comenzar mi rutina diaria cuando sonó el teléfono. Era mi hermano Óscar. "Algo le pasa a mi madre... está respirando como si estuviera ahogada... escucha", y le acercó el celular. Era como una especie de ronquidos que reflejaban un gran esfuerzo. Definitivamente, algo andaba mal.

Mi mamá solo tenía cincuenta y tres años.

Batalla tras batalla habíamos salido victoriosos: desde el día que le quitaron el tumor, que ya había tomado los ganglios linfáticos, pasando años después por el momento en el que le encontraron las manchas en el pulmón y, unos tres años antes, cuando le aparecieron, como ella decía, "puntitos en el cerebro". En todo momento ella mantuvo las ganas de vivir y salir adelante, en medio de una situación en la que pocos manteníamos las esperanzas. Todos habíamos tratado de emprender una vida lo más "normal" posible en medio de esta lucha en la que estábamos juntos como familia.

Esa mañana tomé mi auto de inmediato y me dirigí a su casa. Allí había vivido yo por años y apenas unas semanas atrás me había independizado porque, en mi opinión, mi mamá estaba mejor... sin embargo no era así.

Al llegar a su casa, los paramédicos estaban tratando de ayudarla. Yo solamente rezaba y les decía insistentemente "sigan tratando, sigan tratando". Era demasiado tarde. El jefe de los paramédicos me dijo: "Lo seguiremos intentando, pero la sangre ha bajado hacia su espalda. Esa no es una buena señal. Lo lamento".

Mi madre había fallecido. Pero no había perdido la batalla, sino que la había ganado por casi diez años. Y además se había ido de este mundo dejando una huella imborrable como lo fue su relación con cada uno de sus seres queridos, su relación maravillosa de casi treinta años con mi papá, Eloy, y el haber traído a este mundo a tres hijos criados con tanto amor: Daniel, Óscar y yo.

Mi mamá luchó siempre por enseñarnos las lecciones más importantes. No solamente había logrado convertirnos en personas amorosas, educadas y con mente positiva. También con sus decisiones nos enseñó lo importante que es seguir lo que nos dice nuestro corazón, aun cuando pareciera que tuviéramos al mundo en contra. Nos decía:

El amor no siempre viene envuelto en una sonrisa, pero al final siempre trae una como regalo.

El día en que se nos fue sentí que nos envió un mensaje a través de las palabras de mi papá sobre lo importante que era para ella que nos mantuviéramos unidos siempre y que era momento de seguir poniendo en práctica lo que por años nos enseñó, ahora sin que ella estuviera físicamente para recordárnoslo.

El fin de la batalla de mi madre significó también un recordatorio sobre lo frágil que es la vida y a la vez un comienzo para mí.

Mis prioridades y mi forma de ver la vida cambiaron radicalmente.

VIVIR PLENAMENTE

Vivir plenamente se convirtió en mi prioridad.

Eso es a lo que te estoy invitando, a ti que me lees: tener como prioridad vivir plenamente.

Que a esa lista enormemente larga de problemas y situaciones, que parecen amenazarte con atacarte y devorarte, le des el lugar correctos.

Porque la vida de cada uno de nosotros se puede ir en un instante.

La vida de todos nosotros se IRÁ en un instante —tal como se fue la de mi mamá.

Los seres humanos estamos destinados a experimentar, en uno o varios aspectos de nuestra vida, un punto que nos marcará; una clara línea que separe un antes y un después.

Definitivamente, en mi estadía en esta vida, el momento que más me ha marcado fue la pérdida de mi madre.

Aun cuando mi mamá había estado enferma durante muchos años, yo me mantuve negando, hasta el último momento, a la idea de que podía morir.

La idea de perderla fue siempre inimaginable. Desde que su enfermedad se había agravado, yo había acudido a terapia con una psicóloga. La doctora Gladys Granda-Rodríguez, quien ahora es una querida amiga de muchos años, me había estado ayudando por meses a sobrellevar ese proceso tan duro en el que veía a mi mamá debilitarse... desvanecerse... apagarse. Gladys fue la primera en poner frente a mí que el fallecimiento de mi mamá era una posibilidad real. Yo estaba negado, pero ella había plantado la semilla. Sin saber, me estaba ayudando en mi proceso de duelo, mientras no me daba cuenta de que ya lo estaba atravesando, aun cuando mi mamá no se nos había ido. El apoyo de Gladys fue fundamental... sobre todo cuando llegó el peor de los momentos.

Yo estuve ahí cuando mi mamá se fue, y pude ver con mis propios ojos cómo en un momento hay vida en una persona y cómo deja de haberla un instante después.

Esto me hizo preguntarme infinidad de cosas respecto a lo que yo quería hacer, a cómo iba a usar mi tiempo, a qué iba a dedicar mi vida.

A partir del momento en el que vi a mi mamá tomar su último suspiro, estando junto a mi papá y mis hermanos, me di cuenta de que, si la vida de mi mamá había podido terminar temprano, la vida de cualquier ser humano, incluyendo la mía, podría terminar temprano también.

Y eso me hizo reflexionar muchísimo con respecto a temas importantes para la vida: ¿En qué voy a utilizar mis días, mi energía? ¿A qué le pondría más atención?

Entendí la importancia de

Vivir plenamente sin hacer daño a los demás.

Te invito a insistir, lo que sea necesario, para lograr lo que sueñas, dedica más de tu tiempo a las cosas que te gustan y a la gente verdaderamente importante para ti...

En vez de enfocarte obsesivamente en llegar a la cima de la montaña, disfruta la caminata...

ayuda a cuanta gente te sea posible en ese camino, y dedícate a que la mayor cantidad de días terminen con una sonrisa en tu cara.

Yo siento que la mayoría de los seres humanos necesitamos tocar fondo para caer en cuenta de lo que es verdaderamente importante.

Pareciera que no importa cuánto nos lo recuerde la gente, un libro, una persona que admiramos, un mensaje que nos llega, se nos olvida que la vida es muy frágil.

No es sino hasta que tocamos fondo y vemos cómo alguien pierde su vida o descubrimos que la nuestra está amenazada o sufrimos un grave accidente... es hasta ese momento que nos damos cuenta del verdadero valor que tiene cada minuto y cada momento...

Y no me gustaría que tú, que me estás leyendo, si a lo mejor todavía no has pasado por un momento así y Dios permita que no pases, toques fondo.

Me gustaría hacer todo lo posible por convencerte, de que no hay que esperar un momento como este para darnos cuenta de lo valiosa que es la vida.

DISFRUTAR CADA INSTANTE

...porque simplemente se nos puede ir, de un momento a otro, la vida de un ser querido o la vida nuestra.

Entonces, yo te pido que te imagines, por un momento, pasando por una tragedia, que no te deseo. ¡Para nada te lo deseo!

Solo quiero que te imagines lo que podría ser la peor tragedia para ti: la pérdida de un ser querido, un susto muy grande de salud, algo con lo que te identificas y con lo que conectes para que en tu mente visualices, por un instante:

¿Cómo te podrías sentir si en este momento todo terminara para ti?

Solo poniéndonos en contacto con ese dolor, con esa dificultad, es cuando empezamos a reaccionar.

¡Por fin podemos darnos cuenta de lo que es verdaderamente importante!

Empezamos a ser conscientes de cuántas son las cosas que en realidad nos están quitando tiempo.

¡Debemos ver y estar aportando cosas bonitas en la vida!

Yo te invito a que simplemente empieces por reaccionar, a que visualices el dolor y, así, enfrentar el camino que yo te propongo.

Recompón tu camino antes de que sea demasiado tarde, el camino de insistir para lograr lo que sueñas, el camino de insistir para dedicar más de tu tiempo a las cosas que te gustan, el camino de insistir en recuperar esos sueños de niño que abandonaste porque la vida se puso en el camino con sus dificultades.

Vale la pena intentarlo.

VALE LA PENA INTENTARLO

y vale la pena acercarnos un poquito más a eso que nos trae alegría...

¡A eso que nos trae felicidad!

Acércate a ese arte que te gusta, a esa ciencia que te gusta, a esa música que te gusta, a esas personas que son las personas que quieres tener a tu lado.

Por favor, haz un esfuerzo por dejar el conformismo a un lado para que, cuando Dios nos sorprenda con nuestro momento final, no importa si es a los 30, a los 70 o a los 100 años, cuando todavía tenemos conciencia, antes de que todo se acabe, no sintamos ningún tipo de arrepentimiento, sino que podamos sentir la satisfacción de que disfrutamos nuestra vida al máximo. Sentir que fuimos capaces de darle la importancia a lo que de verdad valió la pena; estar seguros de que hicimos y exprimimos cada segundo al máximo.

Por eso te digo y te repito:

¡Hay que hacer lo que nos gusta y hay que hacer la diferencia en la vida de otras personas a través de ayudar y de apoyar! ¡Hay que disfrutar cada instante que nos dé la vida!

Para que encontremos en este último segundo, en este último suspiro, la satisfacción de haber aprovechado la oportunidad de la vida, la vida que Dios nos dio no importa qué tan larga haya sido.

Yo vivo cada día tratando de recordar lo frágil que es la vida para concentrarme en lo verdaderamente importante.

Todos los días, mientras sigo esta manera de pensar, me imagino por momentos a mi mamá en el cielo viendo lo que hago. Viendo en lo que trabajo, viendo las cosas que he creado, incluyendo mi familia y mi carrera. En medio de todos mis errores y mis aciertos; mis virtudes y mis defectos, puedo garantizarte que tengo la tranquilidad de que mi mamá sabe cuánto estoy luchando y que ella, en el cielo, se siente muy pero muy orgullosa de mí y esto representa una de las mayores alegrías de mi vida.

Mi mamá está viendo la vida que he construido con mi esposa y la mejor versión de mí como padre, en la que cada día trabajo, para ser el mejor papá posible para Sofía.

Mi mamá murió el 20 de marzo de 2006. No conoció ni a mi esposa ni a mi hija. Ni presenció de cerca lo que hago ahora en mi carrera. Ni pudo ver cómo le hablo de ella a mi hija y cómo trato de que en mi familia, cada momento de vida, valga, porque en un instante se puede ir.

La vida, en un instante, se va.

No dejes que te sorprenda.

Capítulo 25

Enfócate en lo verdaderamente importante

Si una idea te domina, no es perseverancia, es obsesión.

LA DIFERENCIA ENTRE LA PERSEVERANCIA Y LA OBSESIÓN

Después de que mi esposa Fay y yo cumplimos un par de años de casados, decidimos que era momento de tener hijos.

Esto lo logramos muy pero muy rápidamente. No podíamos creer cuando la prueba de embarazo dio positiva: ¡lo celebramos tanto! No le dijimos nada a nadie hasta que pasara la etapa de riesgo de tres meses.

Recuerdo entonces cómo le fuimos contando a cada miembro de la familia y todos demostraron una ilusión enorme.

Finalmente, Sofía llegó a nuestras vidas y todo salió perfectamente bien. Gracias a Dios, desde que nació fue una bebé saludable y alegre.

Uno de los pequeños retos que tuvimos con Sofía fue que desde muy, pero muy bebita, sufrió de reflujo y esto hizo que tuviéramos que llevarla bastante seguido al médico. A pesar de que padecía de esto, en realidad se trata de una condición muy común y manejable, por lo que Sofi siempre fue muy sana y no pasó de llevarla seguido al doctor, cambiar el tipo de fórmula que tomaba: cada visita al doctor era una nueva indicación, pasar a una fórmula más ligera para su sistema digestivo y más cara para nuestro bolsillo. Pero, afortunadamente, poco a poco esto se fue manejando hasta que quedó completamente bajo control.

Entonces sentimos que como ya estábamos entendiendo cómo ser padres, cómo manejar nuestros tiempos, cómo equilibrar todos los retos que conlleva el ser padres etcétera, más o menos cuándo Sofía tenía alrededor de los dos años de edad, dijimos ¡pues llegó el momento de buscar el segundo!

Hay que tomar en cuenta que ambos venimos de familias de cinco miembros en las respectivas familias. Fay tiene dos hermanos mayores y yo tengo dos hermanos menores más los papás, o sea que, para nosotros, siempre la vida familiar consistía en tener más de un hijo, en ser una familia grande, con dos o tres hijos.

Era la dinámica con la que estábamos acostumbrados, así crecimos y nunca tuvimos duda de que deseábamos tener más de un hijo...

Sin embargo, así como Sofi llegó muy rápido, cuando dijimos que queríamos buscar el segundo, nada.

Ocurrió que cuando empezamos a buscar otro bebé, por más que se intentó, el segundo no llegaba, no llegaba, no llegaba, no llegaba y, finalmente, hubo un punto después de algunos años, cuando, en vez de decir, no llegaba, tuvimos que decir no llegó.

Sofi...hace que nuestra familia esté más que completa para disfrutar de la vida.

Esto definitivamente fue bastante difícil para los dos, de alguna manera; se presenta una especie de sentimientos de culpa, de no poder traerle una hermanita o un hermanito a Sofía.

Pasamos por algún tiempo en el que no reconocíamos el hecho de no poder tener un segundo hijo, fue complicado para los dos y, además, no mejoraba, pues luego te encuentras con algunos amigos y familiares con las típicas preguntas que se dan: cuando no tienes novia te preguntan cuándo vas a tener novia; cuando tienes novia, cuándo te vas a comprometer; cuando te comprometiste, cuándo te vas a casar, y cuando te casaste, cuándo vas a tener tu primer hijo, y cuando tienes tu primer hijo te preguntan cuándo vas a tener el segundo, sin conocer necesariamente el dolor por el que estás pasando.

La insistencia no nos estaba llevando a ninguna parte así que, con el pasar del tiempo, tuvimos que aceptar esa realidad y, simplemente, entender que esto estaba completamente fuera de nuestro control. Fay y yo empezamos a entender que esta era nuestra realidad y que no la podíamos controlar.

Pensamos, sin bases, que Sofía se podría convertir en una niña malcriada o consentida por ser hija única, pero después nos hicimos conscientes de que esos eran puros "cuentos de camino" que la gente te hace. ¡Pasaron muchas cosas por nuestra cabeza!

¡Qué lejano estaba todo eso de la realidad!

Sofi es una niña encantadora; desde que nació fue sumamente despierta, observaba todo lo que estaba alrededor; una niña que siempre nos impresionó con lo carismática que es. Desde bebita tenía cosas que nos hacían reír constantemente. Hoy en día, a la fecha que escribo este libro, tiene nueve años, va para 10 y sigue siendo una niña supercómica, siempre es el alma de la fiesta. Sofi cuenta con una curiosidad amplísima, además de que es una niña que desde pequeña ha tenido una inclinación por lo artístico, ¡increíble! Por iniciativa propia ha querido estudiar y tocar el piano; estos últimos años está incursionando en el teatro musical; le encanta aprenderse sus líneas en el teatro; aprender sus pasos de baile y sus canciones, la ves ensayando en cualquier parte: en la sala, en su cuarto, en la ducha. Tiene una clara tendencia hacia la actuación. ¡Le encanta todo lo relacionado con el arte! Pero, además, es una niña con una compasión increíble, que está pendiente de las personas; si una amiga pasa un mal momento, es la primera que le da un abrazo, que la acompaña, que la ayuda. En verdad, Sofi nos hace sentir sumamente orgullosos, y hace que nuestra familia esté más que completa para disfrutar de la vida.

ACEPTACIÓN

Cuando nos dimos cuenta de que no podíamos tener ese segundo hijo, tuvimos que pasar el *switch*; cambiar completamente la perspectiva de lo que significaba solamente tener una hija. Y, de un momento a otro, empezamos no solamente a encontrar paz, sino a aceptar y disfrutar la idea de que nuestra familia estaría formada por tres miembros.

"¡Es un hecho! ¡Vamos a ser una familia de tres!".

Vamos a ser una familia de tres y hay que disfrutar ese hecho porque la vida nos había dicho que NO suficientes veces y la situación ya no estaba en nuestras manos cambiar.

¿Qué lecciones podemos rescatar de esta parte de mi vida?

Lo primero es fijarnos bien y analizar: si eso que estamos tratando de lograr en realidad es perseverancia o en realidad se ha convertido en una obsesión.

Hay que tener mucho cuidado con las obsesiones....

La perseverancia viene de ser firmes y constantes con lo que queremos hacer; es ponerle dedicación, cariño en el camino a realizar, alcanzar o lograr algo.

¡Alcanzar un objetivo a través de la perseverancia es maravilloso!

Pero hay que tener mucho cuidado de que lo que tenemos ante nosotros no sea una obsesión.

La obsesión, a diferencia de la perseverancia, es cuando tenemos en la mente una idea y esa idea nos domina. Aparece repetitivamente en nuestra cabeza y se sostiene incontrolablemente, en nuestro pensamiento.

Esa obsesión nos lleva a tomar acciones que son definidas como compulsión y las compulsiones aparecen cuando NECESITAMOS tomar algún tipo de acción que proviene de nuestra obsesión.

Entonces hay que tener cuidado porque, cuando empiezan las obsesiones, NO podemos controlar un pensamiento y todo el tiempo está ahí y empiezan las compulsiones.

Aparece el trastorno obsesivo-compulsivo. Y esto, definitivamente, no le hace bien a nadie.

Así que fíjate bien que, cuando estés tratando de lograr algo, que sea por perseverancia y no por obsesión.

Afortunadamente, yo creo que nosotros, en la búsqueda de nuestro segundo bebé, fuimos perseverantes y logramos aceptar que eso no iba a pasar, antes de que se convirtiera en una obsesión que nos quitara el sueño o que no nos dejara vivir.

Segundo: es bien importante entender las señales que nos mandan los momentos de rechazo, de negación, aquellos momentos en los que no se nos da lo que queremos.

Expresamente lo que busco en este libro es que juntos podamos entender lo que hay detrás de un NO, que, en la mayoría de las veces, termina convirtiéndose en un SÍ.

Al mismo tiempo, requiere entender cuando la vida nos manda suficientes señales para explicarnos que ese NO, significa que no es nuestro camino.

Mi esposa y yo, poco a poco, fuimos recibiendo suficientes señales de NO al intentar tener un segundo hijo, al mismo tiempo que veíamos crecer a Sofía. Gozando lo inteligente que es, viendo cómo disfruta sus actividades, el tiempo que le gusta pasar con nosotros y seguir creciendo junto a ella.

Nuestra misión era abrazar lo que teníamos y abrazarnos como familia y entender que esa iba a ser nuestra familia y que nuestra familia estaba completa.

Y esto me lleva al tercer punto que es valorar lo que tenemos, bien sea porque ya no queremos más que eso, o incluso si aún estamos en el proceso de buscar más.

¡HAY QUE VALORAR LO QUE TENEMOS!

Nada llega a nosotros cuando estamos quejándonos de lo que nos falta.

Las quejas solamente nos traen días negativos y, la verdad, tenemos que apostar a tener los mejores días posibles cada día, aunque no tengamos lo que estamos soñando. Quejarnos porque "ellos tienen más hijos que nosotros" o en temas distintos porque "ella tiene más dinero que yo" o "él ha tenido mucha suerte y yo no", es una pérdida de tiempo y de energía que nunca nos llevará a ningún lado.

La única certeza que tenemos es **la certeza de lo que tenemos**, de lo que está presente ahora, de lo que está en nuestra vida, de lo que aparece frente a nosotros, que es lo que Dios ya nos entregó y es lo que Dios quiere que valoremos y es lo que nos va a permitir encontrar un grado más grande de felicidad mientras seguimos luchando por tantas otras cosas que en el futuro podemos conseguir.

Ese NO se convirtió en un SÍ, pues se convirtió en la oportunidad de enfocarnos completamente como padres en Sofía, en su bienestar, en proporcionarle la mejor educación posible, en hacerla que viera el mundo junto a nosotros.

¡Nos dedicamos a estar dispuestos a abrazar y disfrutar siempre a esta familia de tres!

A veces tenemos una visión respecto a lo que queremos que sea nuestra vida y, en muchas ocasiones, Dios y la vida nos explican de diferentes maneras y nos manda señales para entender que el mejor plan para nosotros no es el que siempre habíamos tenido sino el que ya está.

Hoy en día somos una familia de tres y así somos una familia completa y feliz.

Para ayudarte a enfocarte más en el camino, menos en el destino, y descargar nuestra guía gratis para sobrellevar el rechazo y lograr tus sueños, visita **www.ElSiDetrasDeUnNo.com**

Conclusión

Hemos llegado al fin de nuestro tiempo juntos a través de estas páginas. Quiero despedirme esperando haberte dejado herramientas concretas para que triunfes en tu vida, de la misma forma que siento que he podido lograr muchas de mis metas hasta el momento. No porque soy figura pública, porque tengo un programa de radio, ni porque salgo en televisión, sino porque pude aprender de las dificultades y rechazos que he vivido a lo largo de los años. Le he dedicado mucho tiempo a entender de dónde vengo. Mi trabajo hoy se parece a cosas que disfrutaba o me imaginaba cuando era niño. Sobre todo me conozco cada vez mejor, sé lo que me hace feliz, lo que me prepara constantemente para buscar esa felicidad con gran enfoque y perseverar hasta alcanzarla.

De la misma forma, recuerda que eres tú quien puede decidir si eres parte de la crisis de abandono de sueños que hay en el mundo, o no. Solo tú decides si sales del montón y alineas tu vida a lo que verdaderamente quieres para ti.

Hoy te invito a que te atrevas a ponerte en contacto con las **experiencias más difíciles que has vivido** y también las más alegres, y te vas a dar cuenta de que todo ha tenido sentido. Luego de entender de dónde vienes y por qué has pasado por tanto, concéntrate por un momento en esas cosas que te hacen feliz. Desde lo familiar hasta lo laboral. Haz una lista de las dos o tres cosas más importantes, y prepárate para luchar por ellas hasta el fin. Y lucha siempre con mucha fe.

Vuelve a tu niñez, y encuentra esas cosas que siempre se sintieron como un juego... el más divertido de todos. ¿Eran los carros? ¿Armar edificios de Lego? ¿Sacarles una sonrisa a otros? ¿Peinar muñecas? ¿Bailar? ¿Resolver problemas de matemática? ¿Estar frente a un escenario? Si lo piensas en serio, ahí encontrarás la verdad de qué debes hacer y nunca es tarde para comenzar a acercarte a eso, en una versión que se adapte a tu realidad actual.

Por último, si sientes que has perdido tu norte, te doy tres elementos que puedes usar para reenfocarte: Usa tu pasado, tus pasiones y tu presente, empieza a cambiar de ruta, aunque sea solo de un 10% a la vez.

En estas páginas me he atrevido a contar cosas que en muchos casos había enterrado completamente por lo dolorosas que fueron... incluso cosas que no había compartido hasta el momento ni con Fay, mi querida esposa. Ponerme en contacto de nuevo con esos momentos me llevó a darme cuenta de cuántos NO he escuchado, y cuántos rechazos me han llegado. Cada una de esas experiencias me ha llevado a confirmar, como deseo que confirmes tú también, que detrás de cada NO, hay un SÍ que está cada vez más cerca.

Miami, otoño del 2023